Aspekte der Fremdenfeindlichkeit

Studienreihe des Instituts für Sozialforschung
Frankfurt am Main

Institut für Sozialforschung (Hg.)

Aspekte der Fremdenfeindlichkeit

Beiträge zur aktuellen Diskussion

Campus Verlag
Frankfurt/New York

Die deutsche Bibliothek — CIP-Einheitsaufnahme

Aspekte der Fremdenfeindlichkeit: Beiträge zur aktuellen
Diskussion / Institut für Sozialforschung (Hg.) -
Frankfurt/Main; New York: Campus Verlag, 1992
(Studienreihe des Instituts für Sozialforschung Frankfurt am Main)
ISBN 3-593-34683-4
NE: Institut für Sozialforschung ⟨Frankfurt, Main⟩

Fotosatz: Verlag 2000, Offenbach/Main
Umschlaggestaltung: Atelier Warminski, Büdingen
Druck und Bindung: KM-Druck, Groß-Umstadt
Printed in Germany; 5. Auflage

Inhalt

Vorrede

Dieser Band faßt Beiträge von Mitarbeitern des Instituts zusammen, die aus verschiedenen Anlässen und Anfragen im vergangenen Jahr entstanden, als der Fremdenhaß im vereinigten Deutschland explodierte. Sie berichten nicht über eine empirische Untersuchung des Instituts, sondern beziehen sich auf einzelne Aspekte der Fremdenfeindlichkeit aus der gegenwärtigen Forschungsperspektive des Autors. In der gemeinsamen Diskussion dieser Perspektiven entstand das einleitende Memorandum. Die Federführung übernahm Helmut Dubiel.

Alex Demirović knüpft an die früheren Untersuchungen zur Antisemitismus- und Vorurteilsforschung an, die er im Licht neuer diskursanalytischer Arbeiten über rechtsextremistische Gewalt und alltäglichen Rassismus diskutiert. Thomas von Freyberg stellt fremdenfeindliche Gewalttätigkeiten von Jugendgruppen einerseits und wechselseitige Vorurteile von Müllarbeitern andererseits in den Zusammenhang von objektiver Diskriminierung und sozialer Ungleichheit. Hans-Gerd Jaschke erörtert die Ideen der Neuen Rechten in Westeuropa mit dem Blick auf die „Konservative Revolution“ in der Weimarer Zeit. In einem zweiten Beitrag kritisiert er die Behandlung von Fremdenfeindlichkeit und Rechtsextremismus im Fernsehen. Günter Frankenberg nimmt in einem Plädoyer für zivile Konfliktbewältigung zu den verfassungsrechtlichen Problemen der Asyldebatte Stellung.

Frankfurt am Main
Januar 1992

Helmut Dubiel
Ludwig v. Friedeburg
Wilhelm Schumm

Institut für Sozialforschung

Fremdenfeindlichkeit im vereinigten Deutschland

Memorandum

Die Fremdenfeindlichkeit hat viele Gesichter. Sie ist als solche zunächst weder ein spezifisch deutsches noch ein neuartiges Phänomen. Den Zuwachs und die thematische Konzentration rechter und rechtsextremer Organisationen auf Ausländer- und Migrantenprobleme finden wir in ganz Europa. Jörg Haiders FPÖ erzielte bei den Nationalratswahlen im Oktober 1990 16,6 % und bei den jüngsten Wahlen zum Wiener Landesparlament mit 22 % sogar mehr Stimmen als die ÖVP. Die Schweizer „Autopartei" hat bei den jüngsten Nationalratswahlen ihre Mandate verdoppeln können. Der Front National wächst seit 1984 und steht republikweit bei etwa 11 % mit regionalen Schwerpunkten in Paris und Marseille. Die norwegische Fortschrittspartei erzielte 1989 mit dem Thema Asyl 13 % bei den Storting-Wahlen. In Großbritannien verhindert allein das Mehrheitswahlrecht die parlamentarische Präsenz der National Front. Was diese Parteien über ihre nationalen Besonderheiten hinweg eint, ist eine autoritärpopulistische, vor allem auf das Thema Fremde konzentrierte politische Mobilisierung.

Aber diese neue Welle der politisch artikulierten Fremdenfeindlichkeit ist auch nicht nur, wie es noch vor 1989 scheinen konnte, ein auf *West*europa beschränktes Phänomen. Als im Herbst 1989 die Regime des früheren Ostblocks wie Dominosteine fielen, konnte man in der ersten demokratischen Euphorie noch übersehen, daß unter der

Decke der früher staatlich verordneten Völkerfreundschaft ein bedrohlicher Fremden- und Minoritätenhaß bereitlag. Ungarische Minderheiten in Rumänien wurden kurz nach der Befreiung zum Opfer eines regelrechten Pogroms. In Ungarn und Polen gibt es einen mühsam als Antiintellektualismus kaschierten Antisemitismus. Der offene Antisemitismus und die interethnischen Spannungen in der ehemaligen Sowjetunion sind explosiv. Im ehemaligen Jugoslawien haben die lange aufgestauten Konflikte zwischen Serben und Kroaten bereits einen Krieg entfacht, der immer noch euphemistisch als „Bürgerkrieg" bezeichnet wird.

Kurzum, der Haß auf Fremde und Vorurteile gegenüber Minderheiten scheinen auch das Europa von 1992 zu vereinen.

Fremdenfeindlichkeit hat Tradition, zumal in der Bundesrepublik. Der Antisemitismus hatte 1945 fast ungebrochen überstanden. Auch heute noch vermuten Sozialforscher einen konstanten Bestand von 15 % antisemitischen Einstellungen in der westdeutschen Bevölkerung. Solche Zahlen sind freilich wenig aussagekräftig. Denn die auf einzelne Minderheiten konzentrierten Einstellungen sind — wie die klassischen Autoritätsstudien des Instituts für Sozialforschung gezeigt haben — immer Ausdruck eines latenten und unspezifischen Ethnozentrismus, dessen Objekt wechseln kann. Die Integration von über 13 Millionen Flüchtlingen und Vertriebenen in den 50er Jahren war flankiert von vielfältigen Ressentiments auf seiten der Westdeutschen. Von den 60er Jahren an waren die staatlich angeworbenen „Gastarbeiter" bevorzugte Opfer fremdenfeindlicher Vorurteile, zunächst die Italiener und Spanier und in den 70er Jahren dann die Türken. Erst in den 80er Jahren konzentriert sich der Fremdenhaß vor allem auf Asylsuchende. Abgeschwächt richtet er sich seit einigen Jahren aber auch gegen deutschstämmige Aussiedler.

Ein ständiges Thema sozialwissenschaftlicher Forschung ist die Fremdenfeindlichkeit in Westdeutschland erst wieder ab Beginn der 80er Jahre. Die Forschung reagierte seinerzeit auf das sprunghafte Anwachsen fremdenfeindlicher Einstellungen zwischen 1980 und 1982. Dabei erwies sich der oft vermutete unmittelbare Zusammenhang zwischen der Arbeitslosenquote oder der Zahl der Flüchtlinge und Zuwanderer mit Konjunkturen des Fremdenhasses als ein recht komplexes Phänomen, bei dem offenbar die interessierte Interpretation solcher Daten durch Politiker und Medien eine wichtige Rolle spielt. Immer waren es die tendenziösen Debatten z.B. über den Anwerbestop ausländischer Arbeitskräfte, über die Familienzusammenführung einheimischer Immigranten oder wie jetzt über die Änderung des Asylrechts, welche die latenten fremdenfeindlichen Einstellungen verstärken und zur Artikulation ermutigen. Die in der Geschichte der Bundesrepublik einzigartige Explosion des Fremdenhasses, die wir derzeit beobachten, fällt zusammen mit der Entscheidung konservativer Politiker, die Änderung des Asylrechts auf Platz 1 der politischen Tagesordnung zu setzen. Einzigartig ist diese Situation in der Geschichte der Bundesrepublik zunächst wegen der noch nicht dagewesenen rechtsextremen Militanz, sodann wegen des offenen Beifalls einer nicht mehr schweigenden Mehrheit und schließlich wegen der skandalösen Toleranz der Ordnungskräfte. Einzigartig ist sie aber auch wegen einer neuen, keineswegs mehr nur auf das linke Lager beschränkten Koalition, die die Menschenrechte entschieden verteidigt.

Der Blick auf den internationalen und den zeitgeschichtlichen Kontext der Fremdenfeindlichkeit im vereinigten Deutschland zeigt zunächst die Normalität der Fremdenfeindlichkeit. Wie überall und immer schon, so scheint es, sind auch in der deutschen Gesellschaft fremdenfeindliche Einstellungen bei bemerkenswert vielen abrufbar — und zwar auf der gesamten Bandbreite der Sozialstruktur. Und auch die Tatsache, daß eine offene Gewaltbereitschaft gegen Fremde nur bei einer kleinen Minderheit rechtsextremer Jugendlicher aus dem Unterschichtsmilieu zu finden ist, teilt die deutsche mit den meisten ihrer Nachbargesellschaften. Aber erst der genauere Blick auf die spezifische historische Konstellation nach der Vereinigung und auf die jeweiligen Trägergruppen des Fremdenhasses in der neuen Bundesrepublik könnte uns einen Hinweis darauf geben, wie diese jüngste Woge des Fremdenhasses zu begreifen ist.

Deshalb muß der komparative Blick des politischen Soziologen durch eine historische Perspektive ergänzt werden. Denn zwischen den Hakenkreuzen, die in irgendeinem Pariser Arrondissement ein rassistisches Graffiti umrahmen, und den SS-Runen, die auf die Mauern von Flüchtlingsheimen in Sachsen oder Westfalen gesprüht werden, bleibt ein fundamentaler Unterschied bestehen. Zwar gab es im Europa der 30er Jahre auch eine große Zahl faschistischer Staaten und starker faschistischer Bewegungen in demokratischen Staaten. So waren in Litauen, Estland, Polen, Ungarn, Österreich, Portugal,

Spanien, Rumänien und in Italien faschistische Regime an der Macht; in den westlichen Demokratien, besonders in Frankreich, gab es starke faschistische Organisationen. Aber eben nur in Deutschland gab es das Grauen einer staatlich initiierten, industriell organisierten Massenvernichtung. Und dieser Unterschied bleibt bestehen, auch wenn wir als Soziologen — mit den uns eigenen Kategorien und Konzepten — eine unmittelbare Kontinuität zwischen jenem und diesem Deutschland plausibel konstruieren weder können noch wollen.

Der empirische Blick auf die Kontinuität fremdenfeindlicher Einstellungen und Bewegungen in der Geschichte der Bundesrepublik sollte auch die Besonderheit der zeitgeschichtlichen Konstellation treffen, in der jene jetzt wirksam werden. Die Revolutionen in Mittel- und Osteuropa und die Restrukturierung des europäischen Zentrums im Zuge der Vereinigung Deutschlands haben das gesamte politische Koordinatensystem der Nachkriegszeit verändert. Der Zusammenbruch der alten Ordnung, die sich in der DDR auf ältere deutsche Gehorsamsbereitschaften verlassen konnte, hat ein existentielles und politisches Orientierungsvakuum hinterlassen. Auch den Bürgern und den politischen Eliten des Westens ist die in vierzig Jahren gewachsene symbolische Ordnung abhanden gekommen, mit der sie bisher die Grenzen der eigenen politischen kollektiven Identität markierten. Alle Triumphgebärden können nicht darüber hinwegtäuschen, daß die jetzt ubiquitär gewordenen kapitalistischen Gesellschaften sich fortan aus sich selbst begründen müssen. Die die gesamte Geschichte des geteilten Nachkriegsdeutschland beherrschende Konfliktstruktur von antitotalitärer „wehrhafter Demokratie" einerseits und einer antifaschistischen Gegendiktatur anderseits und der dadurch festgelegte Kontrastbezug auf den Nationalsozialismus, den beide jeweils auf ihre Weise verdrängten, wird jetzt in Archiven abgelagert. Erst in den kommenden Jahren werden wir sehen, wie sich die neue symbolisch-politische Orientierung Deutschlands entwickeln wird. Die Codierung einer kollektiven Identität durch neue Feindbilder zeichnet sich unter den Bedingungen offener Grenzen nach Osten und einer verschärften Nord-Süd-Konkurrenz bereits ab. Nicht nur die rechtsextremen Ausbrüche von Haß, auch der bisherige Verlauf der Debatte um das Grundrecht auf Aysl lassen Schlimmes befürchten. Daß gerade im Jahre 1 des vereinigten Deutschland die Auffassung Boden gewinnt, der Artikel 16 des Grundgesetzes müsse abgeschafft oder geändert werden, ist von hohem Symptomwert. War es doch dieses Grundrecht, das wie keine andere Bestimmung des Grundgesetzes die besondere historische Verantwortung des postnazistischen Deutschland zum Ausdruck brachte. Im Artikel 16 des GG war der Schutz politisch Verfolgter erstmals menschenrechtlich begründet worden und eben nicht mehr in der traditionellen Form einer freiwilligen Selbstbeschränkung staatlicher Souveränität.

Weniger neu, aber gleichwohl — im Kontrast zu den 50er, 60er und frühen 70er Jahren — neuartig ist die sozial- und wirtschaftspolitische Konstellation, unter der der gegenwärtige Fremdenhaß auftritt. Diese Konstellation läßt sich deutlich machen vor dem Hintergrund jenes oft als „keynesianisch“ oder „fordistisch“ bezeichneten Typus von Ordnungspolitik, an dem sich fast alle Gesellschaften in der Nachkriegszeit orientiert hatten. Der forcierte Ausbau sozialstaatlicher Leistungen, die an der Nachfrage, d.h. an den Interessen der Konsumenten orientierte antizyklische Stabilisierungspolitik, der Ausbau öffentlicher Dienstleistungen und schließlich die Einbindung der Gewerkschaften in die gesamtwirtschaftliche Haftung — all das fügte sich zu einer ordnungspolitischen Gestalt, deren historische Besonderheit eben darin bestand, daß sie den Interessen breiter Bevölkerungsschichten — im Rahmen kapitalistischer Institutionen — einen verallgemeinerbaren Status verlieh. Damit hatte sich der staatlichen Selbstdarstellung die historische Möglichkeit geboten, als klassenneutraler Agent des allgemeinen Wohls und zugleich als Treuhänder privatkapitalistischer Interessen aufzutreten. Der Keynesianismus vereinigte die Kunstlehre volkswirtschaftlicher Steuerung und die Massenloyalität erzeugende, soziale Integration der Gesellschaft in einem *einheitlichen* Politiktypus. Als diese Wirtschaftspolitik aus immanent ökonomischen Gründen, über die immer noch die Geister streiten, nicht mehr funktionieren wollte, zerfiel jene Ordnungspolitik wieder in ihre getrennten Elemente. Schon seit Beginn der 80er Jahre wurden die politische Steuerung der Volkswirtschaft und die symbolische Integration der Gesellschaft wieder mit getrennten Politikstrategien verfolgt.

„Rechtspopulismus“ ist ein Sammelbegriff für jene konservativen Strategien der symbolischen Integration, die nötig werden, nachdem die sozialstaatlichen Formen monetärer Entschädigung, sozialer Hilfe und kompensierender wohlfahrtsstaatlicher Dienstleistungen nicht mehr in gewohntem Ausmaß zur Verfügung stehen. Immer stützt sich diese rechtspopulistische Form der politischen Mobilisierung auf jene Ressentiments, Vorurteilsstrukturen und Angstaffekte, die durch den Ausschluß der unteren Schichten von Macht und Bildung selbst erst erzeugt worden sind. Die kulturellen Male der Klassenherrschaft werden zum Vehikel ihrer Verlängerung.

Neuartig ist aber neben der zeitgeschichtlichen und sozialpolitischen Konstellation des gegenwärtigen Fremdenhasses auch die soziale Komposition seiner Trägergruppen. Die spezifische Schwäche des rechten bzw. des rechtsextremen Lagers in der Bundesrepublik war dadurch bestimmt, daß dessen Bestandteile voneinander separiert waren. Die am rechten bürgerlichen Spektrum operierenden Parteien der Nationaldemokraten und der Republikaner, eine gewaltbereite Jugendszene von skinheads und hooligans, die sich rechtsradikaler Symbole oft nur ihres Provokationswertes wegen bedient, Netzwerke von Rechtsintellektuellen, die sich dem Programm einer geistigen „Aufnordung" verschrieben haben, und schließlich das latente rechtsradikale Potential von Normalbürgern und -wählern wirkten durchweg getrennt voneinander. Das Neue und eigentliche Erschreckende an der gegenwärtigen Situation scheint uns zu sein, daß die Trennwände zwischen diesen verschiedenen Milieus durchlässiger werden. Der neurotische Druck, unter dem das Problem der Asylsuchenden künstlich gehalten wird, kann die verschiedenen Bestandteile des Rechtsextremismus zusammenschmelzen. Zwar ist bislang kein charismatischer Führer und kein organisierendes Zentrum in Sicht. Aber schon allein das Phänomen der neuen Konfigurierung der Rechten gibt Anlaß zu höchster Sorge. — Das Weimarer Beispiel lehrt uns freilich auch, daß Vielfalt und Unübersichtlichkeit nicht unbedingt Schwäche des Rechtsextremismus bedeuten. Der von der SA geführte „Kampf um die Straße" eroberte die Öffentlichkeit und konstituierte die NSDAP als soziale Bewegung. Das Antichambrieren Hitlers bei den konservativen Eliten zementierte das Bündnis mit diesen, und die Intellektuellen der „Konservativen Revolution" sorgen für eine theoretische Begründung der „nationalen Revolution". Gewiß, auch das im Schatten Berlins liegende Bonn ist nicht Weimar. Gleichwohl haben wir unsere historischen Erfahrungen. Das Zusammenwachsen der organisierten Rechten ist immer dann wahrscheinlich, wenn das Thema der „Nation" die Innenpolitik beherrscht. Es ist derzeit kein politisches Projekt absehbar, das als demokratische Antwort auf die veränderte Stellung Deutschlands in Europa, auf die Probleme eines Einwanderungslandes und einer multikulturellen Gesellschaft dienen könnte.

Die — in weitestem Sinne — linke Kritik an der Fremdenfeindlichkeit war lange Zeit von der Vorstellung inspiriert, daß die sich an und am Fremden entzündenden gesellschaftlichen Konflikte nur abgeleitete Probleme seien, die sich durch eine revolutionäre Umgestaltung und durch radikale Aufklärung ein für allemal beseitigen ließen. Noch heute finden wir Spuren eines quasi sozialmedizinischen Blicks auf Vorurteilsphänomene. Das Skalpell des gesetzlichen Verbots und des polizeilichen Eingriffs soll jenes „kranke" Gewebe einfach entfernen. Eine demokratietheoretisch umorientierte Linke hingegen weiß, daß Fremdenfeindlichkeit ein endemisches Problem moderner Gesellschaften ist. Mit dem irreversiblen Schwund sakraler Rechtfertigungsmöglichkeiten von sozialer Ungleichheit und politischer Herrschaft sind zugleich auch die Träume einer konfliktfreien Einheit der Gesellschaft mit sich selbst als vorpolitische Illusionen durchsichtig geworden. Eine auf ewig unbefriedbare konflikthafte Pluralität ist das politische Signum der Moderne. Deshalb verstärkt sich gerade bei krisenhaft zugespitzten Interessen- und Wertgegensätzen die regressive Neigung von Politikern und Bürgern, die unrettbar verlorengegangene Einheit der Gesellschaft durch symbolische Exklusionen mißliebiger Gruppen wiederherzustellen. Solche Versuche beruhen nicht mehr auf traditional eingeschliffenen Grenzziehungen zwischen dem gesellschaftlichen Innen und Außen, sondern auf Ausgrenzungskriterien, die in herrschaftstechnischer Absicht erst erzeugt werden und deren Objekte scheinbar beliebig sind. In den stalinistisch geprägten Gesellschaften war dies der endemische innere und äußere Klassenfeind. Im Nationalsozialismus waren dies die „wissenschaftlich" vermeintlich identifizierten „anderen Rassen". Aber auch die demokratisch organisierten westlichen, zumal die nachtotalitären Gesellschaften haben ihre jeweils erfundenen „anderen", in deren ressentimentgeladener Designation die reale Zerissenheit der Gesellschaft vertuscht werden soll. Als Störer sozialer Harmonie und Homogenität kommen nicht nur die unterschiedlichen Immigranten, sondern auch solche inländischen Minderheiten ins Bild, die wegen ihrer Lebensform, ihrer politischen Überzeugung oder Praxis auffällig sind. An ihnen entlädt sich das tiefe Unbehagen der permanenten Status- und Verteilungskämpfe in einer pluralistischen Gesellschaft. Im Unterschied zu diesen befinden sich Ausländer in einer besonders prekären Lage. Zum einen leben sie „von Hause aus“ in einem Zustand gesteigerter Fremdheit. Zum anderen wird ihnen auch nur in den seltensten Fällen und unter besonderen Voraussetzungen ein dauerhaft gesicherter Aufenthalt zuerkannt. Als Staatsfremde sind sie also nicht nur von Marginalisierung und Stigmatisierung bedroht, sondern darüber hinaus noch ganz handgreiflich von tatsächlicher Zurück- und Ausweisung. Läßt sich die Ausgrenzung inländischer Mitglieder der Gesellschaft unter Berufung auf die für alle geltenden Grundrechte skandalisieren, so bleibt für Staatsfremde — d.h. Asylsuchende, Immigranten und Staatenlose — der Appell an die Humanität der inländischen Mehrheit oft ohnmächtig.

Wenn nun also die konflikthafte Struktur säkularisierter Gesellschaften unaufhebbar ist und damit zugleich die Permanenz wechselseitiger symbolischer Ausbürgerungsversuche, dann kann der an Aufklärung Interessierte sich nicht länger an der normativen Fiktion der sozialtechnischen Abschaffbarkeit des Fremdenhasses orientieren. Die radikale Aufklärung ist bescheiden. Ihr kann es nur darum gehen, die an alten und neuen politischen Fronten aufbrechenden Konflikte zu erkennen, sie durch theoretische und öffentliche Reflexion transparent zu machen und auf zivilisierte Formen der Konfliktaustragung zu drängen.

Zivile Konfliktbewältigung ist keine deutsche Tugend. Die westdeutschen Bürgerinnen und Bürger üben sich darin erst seit wenigen Jahren. Die ostdeutschen hatten dazu seit fast 60 Jahren keine Gelegenheit.

Für die Entwicklung einer solchen Streitkultur kommt in einer demokratisch verfaßten Gesellschaft dem Recht, das beansprucht, die Lebensverhältnisse vernünftig zu regeln, eine Schlüsselrolle zu. Besondere Aufmerksamkeit verdient in diesem Kontext das Fremdenrecht. Nicht von ungefähr konzentriert sich die auf das Asylproblem enggeführte Flüchtlings-, Aussiedler- und Einwanderungskontroverse daher auf rechtliche „Lösungen“, insbesondere auf die Änderung oder Begrenzung des Schutzes politisch Verfolgter (Art. 16 Abs. 2 Satz 2 Grundgesetz). Befragt man nun die einschlägigen Normen darauf, ob und wieweit sie sich von fremdenfeindlichen Ressentiments und von der illusionären Beschwörung symbolischer Einheits- und Homogenitätsbilder distanzieren, um dadurch den Weg zu öffnen für zivilisierte Formen der Konfliktaustragung, dann gelangt man zu einem eher ernüchternden Befund. Das Reichs- und Staatsangehörigkeitsgesetz von 1913, noch immer gültig und nur wenig verändert, fordert nach wie vor die Assimilation aller Ausländer an die „unentrinnbare Schicksalsgemeinschaft" der Deutschen ein. Einsam in der westlichen Welt bindet das Gesetz den Erwerb der Staatsangehörigkeit an die deutsche Abstammung und läßt den Erwerb kraft Geburt im Lande nicht zu. Hier zeigt sich die Entfernung zu einem republikanischen Staatsangehörigkeitsrecht, die auch das seit 1990 geltende Ausländergesetz nicht überbrückt. Immerhin gibt es „ausländischen Inländern" nach langjährigem, rechtmäßigem Aufenthalt einen grundsätzlichen Regelanspruch auf Einbürgerung. Vorausgesetzt, sie sind bereit, sich durch Aufgabe ihrer früheren Staatsbürgerschaft freiwillig und dauernd zu Deutschland hinzuwenden. Statt Anschluß zu suchen an eine transnationale Wirtschaft, an die vergleichsweise einwanderungsfreundlichen Nachbarn, insbesondere Frankreich oder Schweden, an die zwangsläufige Multikulturalität eines vereinigten Deutschland in einer Europäischen Gemeinschaft, kultiviert das deutsche Staatsangehörigkeitsrecht, besonders sichtbar beim Wahlrecht, nach wie vor den Mythos eines ethnisch homogenen Volkes.

Die Gnade der deutschstämmigen Geburt erweist sich noch an zwei weiteren neuralgischen Punkten der Asyldebatte. Einmal an der erklärten und wohl nicht ausschließlich wahltaktisch motivierten Absicht der Bundesregierung, die Privilegierung von Aussiedlern, d.h. von sogenannten Volksdeutschen, nicht anzutasten. Dabei läßt sich auch ohne Zahlenspiele gut begründen, daß die Veränderungen in den Gesellschaften Mittel- und Osteuropas und die zeitliche Distanz zu Flucht und Vertreibung zwischen 1937 und 1945 es rechtfertigen, diese vertriebenenrechtlichen Regelungen der Kriegsfolgen zu befristen — im Verbund mit einer auf den Schutz deutschstämmiger Minderheiten zielenden Außenpolitik und dem Angebot regulärer Einwanderung nach Maßgabe eines entsprechenden Gesetzes.

Mit der apodiktischen Feststellung „Politisch Verfolgte genießen Asylrecht" bekäftigt der Artikel 16 des Grundgesetzes bis heute eine besondere historische Verantwortung der Bundesrepublik und weist zugleich als subjektives Recht auf Asyl mit einer menschenrechtlichen Konzeption über die sonst üblichen Souveränitätsvorbehalte hinaus. Vordergründig mit Blick auf die steigende Zahl der Antragsteller, auf Verfahrensdauer, Kosten und den behaupteten allfälligen Mißbrauch soll dieses Recht nun näher geregelt, begrenzt oder gleich in eine institutionelle Garantie, d.h. in das Recht des Staates, Asyl zu gewähren, umgewandelt werden. Prüft man die Vorschläge im einzelnen, so zeigt sich jedoch, daß sie nicht geeignet sind, die Zuwanderung von politischen Flüchtlingen aufzuhalten oder die Dauer eines Asylverfahrens, das sich im Rahmen eines rechtsstaatlich gebotenen Grundrechtsschutzes hält, signifikant zu verkürzen. Die Einschränkung des Asylrechts wäre allerdings sehr wohl geeignet, die Identität der Bundesrepublik als eines potentiellen Zufluchtslandes nachhaltig zu beschädigen und sie in einen Abschiebestaat zu verwandeln. Die Begründungen lassen denn auch erkennen, daß es hintergründig darum geht, die asylrechtliche Verantwortung der Bundesrepublik zu normalisieren. Der Bundesinnenminister behauptet, der Abbau der Grenzkontrollen in Europa diktiere eine „Harmonisierung nach unten". Bedenkt man freilich, daß sich dem Gemeinschaftsrecht, insbesondere dem Schengener Abkommen, das die Einreise und Asylanträge von „Drittausländern" regelt, ein solches Diktat nicht entnehmen läßt, dann kann diese „Entsorgung der Vergangenheit" allenfalls unter Verweis auf die kaum bestreitbare Tatsache erklärt — nicht begründet — werden, daß die Bundesrepublik Gefahr läuft, zum Reserve-Asylland zu werden, wenn sich die Mitgliedsstaaten der EG weiterhin in der Abwehr von Flüchtlingen überbieten. In dieser Situation reicht es folglich nicht aus, auf Artikel 16 zu pochen, statt seiner den Artikel 116 zu opfern oder das „freie Fluten" zu propagieren. „Macht hoch die Tür" ist keine politische Antwort auf die Wagenburg-Mentalität in der Bundesrepublik, auf das Festungsdenken in Europa und auf den Wohlstands-Chauvinismus überall. In der Bundesrepublik sollte weiterhin der Schutz politisch Verfolgter verteidigt werden. Notwendig ist daneben freilich auch eine offensive Debatte darüber, daß nicht alle Antragsteller Asyl, sondern viele nur vorübergehend Schutz, einen Arbeitsplatz oder die Linderung blanker Not suchen. Ihnen wäre mit einer temporären Arbeitsmöglichkeit oder, wenn sie warten können, mit einem Einwanderungsgesetz besser geholfen als mit dem Zwang, einen Asylantrag zu stellen. Es ist an der Zeit, eine offene und öffentliche Debatte über ein solches Gesetz in

Gang zu bringen, einmal um das Asylrecht vor gefährlichen Zahlenspielen zu schützen, aber auch um der Bevölkerung endlich die Gelegenheit zu geben, sich der Tatsache bewußt zu werden, daß sie seit langem in einem Einwanderungsland lebt und auf Dauer mit Immigranten aus aller Welt zu rechnen hat. In der Kontroverse über das Ob und Wie von Einwanderung, über Quoten und Wartezeiten könnten die unterschiedlichen Auffassungen betreffend die Offenheit und Geschlossenheit dieser Gesellschaft zur Geltung kommen, wären alle, die daran interessiert sind, mitbeteiligt an einer Selbstdefinition des vereinigten Deutschland, aber auch an der harten Entscheidung, welche Fremden — mangels politischer Verfolgung — nicht oder noch nicht aufgenommen werden sollen.

Diese Kontroverse müßte auch auf die europäische Ebene getragen werden. Den Politikern wäre abzuverlangen, das Asylrecht nicht nur als deutsche Besonderheit, sondern auch als eine notwendige menschenrechtliche Innovation zu verteidigen. Es sollte nicht unmöglich sein, die europäischen Nachbarn davon zu überzeugen, daß Festungen mittelfristig gestürmt werden, und daß koordinierte Humanität gegenüber politischen Flüchtlingen sowie eine koordinierte Einwanderungspraxis angemessener und kostengünstiger ist als die Konkurrenz nationaler Egoismen. Ein Blick auf die sozialen Konflikte im vereinigten Deutschland oder in Frankreich, auf die Lage von Minderheiten in der Türkei, auf die Probleme künftiger Mitgliedsstaaten in Mittel- und Osteuropa sollte allen nahelegen, sich auf die unvermeidlichen Herausforderungen einer zwangsläufig multikulturellen Konfliktgemeinschaft einzustellen.

Alex Demirović

Vom Vorurteil zum Neorassismus.

Das Objekt „Rassismus“ in Ideologiekritik und Ideologietheorie [1]

Die Kritische Theorie steht unter anderem für das Unternehmen einer Ideologiekritik in einer geschichtsphilosophischen Perspektive, während die neueren, diskurstheoretisch informierten Forschungen eher ideologietheoretisch argumentieren und in stärkerem Maße die symbolische Autonomie ideologischer Konstruktionen betonen. Der Vergleich beider Theorietraditionen mit Bezug auf das Phänomen Rassismus scheint also auf den ersten Blick auf den bekannten Gegensatz zwischen Ideologiekritik und Ideologietheorie hinauszulaufen. Es läßt sich jedoch zeigen, daß bereits die Vertreter der Kritischen Theorie erkannten, daß Ideologiekritik der Herausforderung des Rassismus nicht gewachsen ist. Im folgenden möchte ich deswegen dafür argumentieren, daß es eine Reihe von Überschneidungen und Differenzen gibt, die es lohnenswert erscheinen lassen, trotz aller Brüche im einzelnen eher von einer theoriegeschichtlich interessanten Kontinuität auszugehen, aus der sich in der Auseinandersetzung mit der ideologischen Formation Rassismus einiges lernen läßt.

Rassismus — ein brauchbarer Begriff?

In den Arbeiten der Vertreter der Kritischen Theorie wird, im Unterschied zu neueren Ansätzen zur Analyse von Rassismus, nicht von Rassismus gesprochen. Der Grund dafür ist darin zu sehen, daß sie befürchteten, mit der Rede von Rassismus die Existenz von Rassen zu unterstellen. An einer solchen sozialwissenschaftlichen Verfestigung und Bestätigung rassistischen Denkens mochten sich Horkheimer und Adorno aus verständlichen Gründen nicht beteiligen. Damit teilen sie ein Bedenken, das auch in der neueren Diskussion gegen den Rassismusbegriff geäußert wurde (vgl. Reemtsma 1991). Allerdings finden sich in ihr auch drei ernstzunehmende Argumente für seine Verwendung. 1. Die beiden Begriffe Rassismus und Rasse lassen sich desartikulieren, so daß kritisch von der ideologischen Konstruktion der Bedeutung von Rasse innerhalb des rassistischen Diskurses gesprochen werden kann, ohne deswegen von der Existenz von Rassen ausgehen zu müssen: „'Rasse' ist das Objekt des rassistischen Diskurses, außerhalb dessen sie keine Bedeutung besitzt; sie ist ein ideologisches Konstrukt und keine empirische Gesellschaftskategorie und bezeichnet von daher eine bestimmte Reihe imaginärer Eigenschaften genetischer Vererbung, mittels derer tatsächliche Positionen gesellschaftlicher Herrschaft oder Unterordnung unter Verweis auf die Genealogie arteigener Differenzen festgeschrieben oder legitimiert werden." (Cohen 1990, 97; vgl. Miles 1991, 97, 112) 2. Von einer Kontinuität des Rassimus bzw. der Rassismen auszugehen, ist aber insofern geboten, als das Wort Rasse bei der Neuen Rechten der Selbstzensur unterliegt, die Denkstruktur jedoch weiterhin rassistisch ist: „Wenn das Wort selbst auch tendenziell verschwindet, so bleibt die damit verbundene Vorstellung doch lebendig. Und gerade diese wird zensiert und verschleiert." (Guillaumin 1989, 2; vgl. ebenso Guillaumin 1991) Doch die Nichtverwendung des Wortes Rasse entspricht 3. auch einer konzeptionellen Verschiebung im Rassismus. Dieser geht über in die neorassistische Vorstellung eines kulturalistisch argumentierenden Rassismus ohne Rassen (vgl. Balibar/Wallerstein 1990, 28; Kalpaka/Räthzel 1990, 15; Taguieff 1991, 235f.). Gesprochen wird von der Vielfalt der Ethnien als einem Reichtum, der nicht durch Vermischung vermindert werden dürfe. Empfohlen wird deshalb die ethnische Segregation. Unterstellt wird dabei, daß es zwischen den genetischen Grundlagen einerseits und der Kultur einer Ethnie andererseits eine kausale Verbindung gebe. Dieser Neorassismus ist ein verallgemeinerter Antisemitismus, weil dieser schon immer kulturalistisch mit der moralischen und geistigen Zersetzung, die von Juden ausgehe, argumentiert habe (vgl. Balibar/Wallerstein 1990, 32; Taguieff 1991).

Soweit Horkheimer und Adorno rassistische Phänomene thematisieren, handelt es sich um den Antisemitismus — andere rassistische Praktiken werden kaum behandelt, es sei denn, daß im Rahmen allgemeiner zivilisationskritischer Überlegungen zur europäischen Rationalität und ihrem Herrschaftscharakter der Ethnozentrismus kritisiert wird. Daß Juden als eine Rasse angesehen werden, ist der Ansicht Horkheimers und Adornos zufolge eine von den Nazis propagierte Doktrin, die an sich falsch, doch auf grausame Weise historisch wahr geworden ist, insofern sie der „Faschismus wahr gemacht hat" (Horkheimer/Adorno 1947, 197). Antisemitismus wird nicht nur als ein Element einer ethnozentrischen Einstellung verstanden, sondern als Bestandteil des umfassenderen Vorurteilssyndroms analysiert, das sich aus einer Reihe von Charaktereigenschaften wie Stereotypie, Konformismus, In-group-Orientierung, autoritäre Bindung zusammensetzt und in Xenophobie, Verschwörungswahn, Aberglauben, Nationalismus etc. äußert. Der Begriff des Vorurteils wird von der Kritischen Theorie im Rahmen einer psychoanalytisch orientierten Sozialpsychologie entwickelt. Es wird nach den Charakterstrukturen gesucht, die die Individuen zu vorurteilshaften Einstellungsmustern disponieren. Der Begriff des Charakters bezeichnet ein psychisches Kräftefeld, das sich in der frühen Sozialisation ausbildet und dann im weiteren die Wahrnehmungen und Orientierungen des Individuums triebdynamisch steuert. Als komplexe und dynamische Struktur bestimmt er also, welche Ideologien ein Individuum favorisiert, welchen Orientierungen das Individuum dauerhaft folgt (vgl. Adorno 1973, 6). So wichtig die Fragestellung nach der Dauer einer Ideologie ist, so unzureichend erscheinen jedoch die Mittel zu ihrer Lösung. Zunächst ist, erstens, der Begriff des Vorurteils für das theoretische Erklärungsziel nicht so sehr brauchbar, da er nahelegt, daß ein Individuum bei genauer Kenntnis eines Sachverhalts und der Reflexion über sich selbst das Vorurteil aufgibt. Nicht nur resultiert daraus allzuleicht eine rationalistische Einstellung gegenüber dem Rassisten, den man nur über seine Fehler aufklären müsse, damit er seine Einstellung fallen lasse. Größer noch ist die Gefahr, den Rassismus als Ergebnis von Dummheit zu erklären, weil der Rassist es einfach nicht einsehen, die gesellschaftlichen Verhältnisse nicht begreifen kann — Antisemitismus als der Antikapitalismus eben der *dummen* Kerls, wie Bebel es formulierte (vgl. Horkheimer/ Adorno 1947, 230,

233). Zweitens läßt sich einwenden, daß sich sozialpsychologisch nicht ohne weiteres erklären läßt, wie es zur Dauerhaftigkeit von Einstellungen und Orientierungen über mehr als zwei Generationen hinweg kommt. Denn es ist durchaus anzunehmen, daß zumindest in der dritten und vierten Generation Wahrnehmungs- und Einstellungsmuster durch globale Entwicklungen, veränderte Gewohnheiten und neuartige Erziehungspraktiken verändert werden. Gegen solche Erwartungen erweisen sich aber rassistische Einstellungen als resistent, ja beleben sich konjunkturell sogar immer wieder. Die Ideologietheorie sucht die Antwort für die Reproduktion der rassistischen Ideologie eher in der Dynamik diskursiven Materials, das das kollektive Gedächtnis verkörpert.

Stellt dies eine erhebliche Differenz dar (vgl. Exkurs, S. 32 ff.), so veranschlage ich den Unterschied relativ gering, der bei oberflächlicher Betrachtung zwischen Sozialpsychologie und konstruktivistischer Analyse des Rassismus als ideologischer Form zu bestehen scheint. So kann darauf hingewiesen werden, daß auch in neueren, ideologietheoretisch ausgerichteten Ansätzen eine sozialpsychologische Theorie für notwendig gehalten wird, die die ,,subjektive Funktionalität" rassistischer Diskurse erhellen könnte (vgl. Miles 1991, 101; Autrata u.a. 1989; kritisch Cohen 1990, 119). Doch müssen darüber hinaus drei weitere Aspekte betont werden. Erstens wird die Sozialpsychologie von Horkheimer und Adorno selbst wiederum nur als ein Hilfsmittel der Analyse ideologischer Prozesse angesehen. Der Charakter gilt als der Mechanismus, der zwischen Gruppenzugehörigkeit und sozialer Situation einerseits und ideologischen Orientierungen andererseits vermittelt und die Dauerhaftigkeit bestimmter Einstellungen erklären soll. Zweitens wird die Tatsache, daß die Sozialpsychologie überhaupt zur Erklärung von Einstellungen herangezogen werden kann und muß, selbst kritisch bewertet. Denn sie zeigt das hohe Maß von Verdinglichung und Verhärtung sozialer Beziehungen zu und in festen Charakterstrukturen an. Drittens schließlich wird dieser Rückgriff auf Sozialpsychologie — vor allem in praktischer Hinsicht — als eine Verlegenheit aus politischer Schwäche gesehen. „Man spricht vom drohenden Rückfall in die Barbarei. Aber er droht nicht, sondern Auschwitz war er; Barbarei besteht fort, solange die Bedingungen, die jenen Rückfall zeitigten, wesentlich fortdauern. Das ist das ganze Grauen. Der gesellschaftliche Druck lastet weiter, trotz aller Unsichtbarkeit der Not heute. (...) Da die Möglichkeit, die objektiven, nämlich gesellschaftlichen und politischen Voraussetzungen, die solche Ereignisse ausbrüten, zu verändern, heute aufs äußerste beschränkt ist, sind Versuche, der Wiederholung entgegenzuarbeiten, notwendig auf die subjektive Seite abgedrängt." (Adorno 1966, 674f.) Dies berührt sich im Kern auch mit den neueren kapitalismuskritischen Analysen, die, wie etwa bei Miles und Balibar, trotz der Ablehnung der Ideologiekritik und der Betonung der Autonomie von Ideologien eine Überwindung und Zersetzung des Rassismus von innen von der Überwindung der kapitalistischen Produktionsweise und der ihr spezifischen Form der Arbeitsteilung abhängig machen. Doch darf dies nicht im Sinne einer zwangsläufig sich einstellenden Erlösung mißverstanden werden, wie dies z.B. Taguieff (1991) überverallgemeinernd kapitalismuskritischen Ansätzen zu unterstellen scheint. Zwei Aspekte müssen berücksichtigt werden: a) Insofern der Rassismus ein endemisches Element kapitalistischer Herrschaft ist, verändert die Auseinandersetzung mit ihm bereits deren Formen und trägt zur Demokratisierung bei; b) selbst eine Transformation der Produktionsweise wäre nur eine notwendige, jedoch keine hinreichende Bedingung für die Unterminierung rassistischer Ideologeme.

Antisemitismus als herrschaftliche Unterwerfung

Mittels der Sozialpsychologie stellen Horkheimer und Adorno eine Veränderung des bürgerlichen Subjekts in den unterschiedlichen Phasen der kapitalistischen Entwicklung fest. Die mit der Konzentration und Monopolisierung der Produktionsmittel verbundene Beseitigung des liberalen Kapitalismus und der Zirkulationssphäre verändert unter spätkapitalistischen Bedingungen auch das bürgerliche Subjekt. Seine Autonomie, der Konflikt von Über-Ich und Es, das Gewissen sind nicht länger notwendig. Mit der daraus folgenden Auflösung der Gewissensinstanz wird das Verhalten des Individuums außengesteuert und reduziert sich somit auf bloßen Konformismus. Diese Überlegungen führen letztlich zu der These, daß vorurteilshafte, autoritäre Einstellungen in *allen* spätkapitalistischen Gesellschaften unter den Individuen *aller* sozialen Klassen verbreitet sind.

Ausgehend von den frühen, Ende der 20er Jahre begonnenen empirischen Projekten über den Zusammenhang von Familie, Sexualität und autoritärer Einstellung, wurde vom Institut für Sozialforschung im US-amerikanischen Exil und offensichtlich unter dem Eindruck eines außerordentlich verbreiteten Antisemitismus mit entsprechenden Erhebungen begonnen. Da Miles betont, daß es notwendig wäre, über den unter Arbeiterinnen und Arbeitern verbreiteten Rassismus Genaueres zu wissen, sei darauf hingewiesen, daß eine der Studien des Instituts sich mit dem Antisemitismus unter amerikanischen Arbeitern befaßte. Antisemitismus wird hier als eine Politik totalitärer Gruppen begriffen, die damit die Unterstützung der besitzlosen Mittelklassen zu erhalten und ihre Rebellion gegen die bestehenden ökonomischen Verhältnissen zu kanalisieren versuchen. Obwohl nun gerade in Deutschland die Organisationen der Arbeiterbewegung Widerstand gegen diese Politik geleistet hätten und die deutsche Bevölkerung nicht so antisemitisch gewesen wäre wie die amerikanische, hätte die totalitäre Politik in Deutschland Erfolg gehabt. Wie war nun das Widerstandspotential in den USA einzuschätzen? Die wichtigste Frage der Studie — den Probanden nach der Kapitulation des Deutschen Reiches gestellt, also als die Greuel der Konzentrationslager bekannt waren — war die nach der Haltung von Arbeitern gegenüber der Verfolgung und Ermordung von Juden durch die Nazis. Von den Befragten sprachen sich nur 56 Prozent entschieden dagegen aus; 18 Prozent hielten die Verfolgungspraxis für richtig, 23 Prozent waren halbherzig und meinten, einem klassischen rassistischen Argumentationsgang folgend, daß die Juden selbst Schuld an ihrer Verfolgung gehabt hätten, Hitler aber vielleicht doch weniger krasse Mittel hätte einsetzen sollen (IfS 1945, Bd. 3, 720).

Schon in diesen bis Mitte der 40er Jahre durchgeführten Untersuchungen zeichnet sich das Interesse daran ab, ein sozialpsychologisches Meßinstrument zu entwickeln, das auf den Generierungsmechanismus von antisemitischen Einstellungen zielt. Dies wurde vor allem mit dem Projekt über die autoritäre Persönlichkeit verfolgt, das sich mit der Konstruktion von Meßskalen zu Antisemitismus, politisch-ökonomischem Konservatismus und Faschismus befaßte. Die Skalen sollten es ermöglichen, mittels eines Fragebogens, in dem keine einzelne Frage direkt auf das Untersuchungsziel hinwies, die grundlegenden Einstellungen der Befragten und ihre möglichen Reaktionen auf gesellschaftliche Krisen — faschistisch oder demokratisch — zu erfassen. Der enge Zusammenhang von Rassismus, Nationalismus und Sexismus, der in der gegenwärtigen diskurstheoretischen Literatur als ideologische Artikulation diskutiert wird, um deutlich zu machen, daß es sich jeweils um autonome ideologische Formationen handelt, die sich in spezifischer Weise miteinander verknüpfen, beschäftigte auch das Autorenkollektiv der „Authoritarian Personality". Doch ging es davon aus, daß es sich um *ein* Vorurteilssyndrom handele, das sich — auch aufgrund sozialer Tabus und herrschender Konventionen — in unterschiedlichen Formen manifestiere. Diese Annahme sah das Autorenkollektiv durch die sehr hohen statistischen Korrelationen bestätigt, die sich bei der Messung auf den verschiedenen Skalen ergaben: jemand, der hoch auf der Ethnozentrismus- bzw. Antisemitismusskala rangierte, neigte mit hoher Wahrscheinlichkeit auch zu faschistischen oder sexistischen Reaktionen. Dies wurde umgekehrt auch durch die Beobachtung gestützt, daß antisemitische Propaganda antifeminine Elemente benutzte und Frauen generell etwas weniger antisemitisch und vorurteilshaft eingestellt waren.

Ticketdenken

Gemeinsam ist den über Jahrzehnte sich erstreckenden Arbeiten zum autoritären Charakter, die am Institut für Sozialforschung noch bis in die späten 60er Jahre fortgesetzt wurden, der beharrliche Hinweis auf die für demokratisch verfaßte Gesellschaften bedrohliche Tatsache, daß sich in einem relativ großen Anteil der Bevölkerung, in der Bundesrepublik konstant etwa ein Fünftel und verteilt auf alle statistischen Teilgruppen, autoritär-faschistische Charaktertypen finden, die die Individuen im Fall sozialer Krisen dazu disponieren, sich autoritären sozialen Entwicklungen zu unterwerfen, sich an der rassistischen Verfolgung von Minderheiten zu beteiligen und nationalistischer Propaganda Glauben zu schenken.

Stärker noch als in den Exil-Studien konzentrieren sich die in Deutschland durchgeführten Untersuchungen auf Phänomene wie konformistische, autoritäre, stereotype Charaktertypen bzw. nationalistische und vorurteilshafte Einstellungen, weil Horkheimer und Adorno schon unmittelbar in der Nachkriegszeit das Problem sahen, daß es einen primären Antisemitismus nicht mehr geben konnte. Damit findet sich auch bei ihnen andeutungsweise schon die These vom Rassismus ohne Rassen. Für rassistische Einstellungen sind Erfahrungen mit den Objekten des Rassismus nicht nötig. Und stärker noch: der Rassist kann die Erfahrung des konkreten anderen gar nicht machen. Rassismus wird in keiner Hinsicht von den Objekten rassistischer Einstellung verursacht. Horkheimer und Adorno argumentieren in diesem Sinne durchaus konstruktivistisch. Die Objekte des Rassismus werden durch die spezifische Form der Verwaltungsrationalität konstruiert: „Die Menschen, die als Juden unters Dekret fallen, müssen durch umständliche Fragebogen erst eruiert werden, nachdem unter dem nivellierenden Druck der spätindustriellen Gesellschaft die feindlichen Religionen, die einst den Unterschied konstituierten, durch erfolgreiche Assimilation bereits in bloße Kulturgüter umgearbeitet worden sind. (...) Der faschistische Antisemitismus muß sein Objekt gewissermaßen erst erfinden." (Horkheimer/Adorno 1947, 237) Aufgrund der Tatsache, daß es sich um ein Konstrukt handelt, sind die konkreten Opfer beliebig und austauschbar. Die gesamte reaktionär-autoritäre Einstellung, das Denken in festen Gruppen, das Ticketdenken, wird von Horkheimer und Adorno als eine Art Planke in einer Plattform verstanden, die in verschiedener Weise in ein komplexes demagogisches Argumentationsmuster eingebaut, aber auch ebenso leicht ausgewechselt werden kann. Diese Überlegung führt zu der praktischen Konsequenz, den Vorschlag, einfach nur Deutsche und Juden in institutionalisierter Form zusammenzubringen, als ein untaugliches, weil zu schwaches Mittel bei der Bekämpfung von antisemitischen Vorurteilen zu halten.

Der Rassismus der Eliten

In der in der Rassismus-Diskussion immer wieder aufgeworfenen Frage: Rassismus von oben oder Rassismus von unten? vertreten Horkheimer und Adorno eher die Ansicht, daß der Rassismus von oben, von den ökonomisch-politisch-kulturellen Eliten her kommt — sofern sich die „gesellschaftlich verantwortliche Elite" überhaupt noch irgendwie fixieren läßt (Horkheimer/Adorno 1947, 238) —, jedoch nur die unten ihn ernst nehmen, weil sie gar nicht mehr anders können, als ihn ernst zu nehmen. „Mit dem Individuum sind daher nicht auch seine psychologischen Determinanten, seit je schon die innermenschlichen Agenturen der falschen Gesellschaft, verschwunden. Aber die Charaktertypen finden jetzt im Aufriß des Machtbetriebs ihre genaue Stelle. Ihr Wirkungs- wie ihr Reibungskoeffizient sind einkalkuliert." (Ebd., 236) Die Führer der Monopole und die Politiker hingegen sind nicht notwendig rassistisch, sondern handhaben den Rassismus je nach politischen Absichten strategisch. Der Antisemitismus, ein Konstrukt, könnte von den politischen Eliten und Führern angedreht und abgestellt werden, wie sie ihn jeweils gerade brauchten. Dies markiert einen deutlichen Unterschied zu den Analysen Halls (1989), van Dijks (vgl. 1991), denen von Wallerstein/Balibar, oder den Anregungen Gramscis, Foucaults und Bourdieus, die alle in die Richtung weisen, daß es der Lebensweise des Bürgertums immanente Tendenzen gibt, die verbunden sind mit einer Orientierung an der guten Abstammung, der Reinheit des Blutes, der hohen Intelligenz und Kultur, Tendenzen, die zu biopolitischen Maßnahmen führen, mit denen die organische Zusammensetzung der Bevölkerung zu organisieren versucht wird. Das Bürgertum verwendet Rassismen also keineswegs bloß strategisch, sondern einzelne seiner Fraktionen sind tatsächlich rassistisch und versuchen, mit dem Rassismus einen historischen Block mit popularen Gruppen gegen andere Fraktionen zu bilden[2].

Unterwerfungsagenturen

Der Apparat, über den der Antisemitismus/Rassismus vermittelt und als Denkschematismus in die soziale Wahrnehmung der Individuen eingebaut wird, ist die Kulturindustrie. Damit meinen Horkheimer und Adorno mehr als nur Medien und Film, nämlich ein ganzes Netz von monopolartig organisierten kulturellen Praktiken, die konformistisch-autoritäre Einstellungen begünstigen. Genannt werden neben rechtsradikalen Radiosendungen und Horoskopen, Sport und Körperkultur auch „Theosophie, Numerologie, Naturheilkunde, Eurhythmie, Abstinenzlertum, Yoga und zahllose andere Sekten, konkurrierend und auswechselbar, alle mit Akademien, Hierarchien, Fachsprachen, dem fetischisierten Formelwesen von Wissenschaft und Religion" (Horkheimer/Adorno 1947, 226) — also Praktiken, die systematisch Reflexion und Erfahrung versperren und paranoisch-projektive Charakterzüge stärken. Dies scheinen mir wichtige Hinweise auf einen weiten Bereich kultureller Praktiken zu sein, in denen Einstellungen einen positiven Resonanzraum finden, die Rassismen generieren können.

In diesem Zusammenhang sind auch drei Einwände anzuführen. Erstens wird der populare Wille zum Wissen nicht ernst genug genommen, der sich in allen diesen Praktiken organisiert. Rassismus ist ein Versuch des Rassisten, sich die eigene Wut, die Wahrnehmungsweise des anderen und die Verfolgungspraxis zu erklären. Auch unterhalb szientifischer Ansprüche verwendet der Rassismus kausale Erklärungsschemata über Zusammenhänge von Wesen und Erscheinung, verborgene Zusammenhänge und soziale Verhaltensweisen (vgl. Balibar/Wallerstein 1990, 32; Cohen 1990, 114, 116; Reemtsma 1991, 270f.). Wird dies übersehen, führt dies ein weiteres Mal zu der Konsequenz, Rassisten an sich für dumm zu halten und ihre Fähigkeit zu unterschätzen, Theorien kritisch und selbstkritisch zur Kenntnis zu nehmen und ihre eigene Position zu transformieren. Zweitens erscheint es wenig sinnvoll, einer analytischen Strategie zu folgen, die methodisch die Konsequenz hat, von einer völligen Unterwerfung der Individuen unter ein paranoides Weltwahrnehmungs- und Deutungssystem zu sprechen. Da a) Individuen in sich widersprüchlich sind, b) Bedeutungen in diskursiven Prozessen selbst umkämpft werden, ist eine solche Homogenisierungsthese, die den Alptraum von der Allmacht monopolistischer Kulturkonzerne nährt, kontraproduktiv, da sie methodisch zur Ignoranz gegenüber diesen sozialen Auseinandersetzungen führen muß. Drittens schließlich werden diese Auseinandersetzungen doch — und gegen die eigene Intention — auf psychische und gruppendynamische Prozesse verkürzt und die Mikroprozesse diskursiver Durchsetzung und Konstruktion von Rassismen nicht oder wenn, dann nur in einer eingeschränkten Weise untersucht. Zum einen wird die Kulturindustrie dafür verantwortlich gemacht, Bildung auf sinn- und bedeutungslose Information zu reduzieren und derart dazu beizutragen, daß Individuen autoritären Suggestionen nicht widerstehen können. Zum anderen werden zwar Propagandatechniken von rechtsradikalen Agitatoren ausführlich analysiert. Dabei geht es aber immer wieder nur darum, bestimmte Argumentationsfiguren, die als psychologische Tricks bezeichnet werden, herauszuarbeiten. Die diskursiven Prozesse der Verknüpfung, der Verschiebung und des Aufbaus des Repräsentationsverhältnisses, das aus rassistischen Intellektuellen die Sprecher von Alltagsrassismen macht oder Alltagsideologeme allererst in Rassismus transformiert, werden nicht untersucht, sondern herrschaftssoziologisch unterstellt. Der Rassismus zerfällt gewissermaßen in zwei Teile, in die Agitation von oben und in die Charakterdispositionen unten, in die gesellschaftliche Objektivität und in die individuell-psychologische Seite des Subjekts.

In diesem Zusammenhang läßt sich noch ein weiterer Einwand vorbringen. Der (Neo-)rassismus wird ideologietheoretisch als eine ideologische Form verstanden, in der soziale Herrschaft und (Selbst-)unterwerfung, aber auch Widerstand und Protest ausgetragen werden (vgl. dazu, anknüpfend an Ergebnisse des Projekts Ideologietheorie — Projekt Ideologietheorie 1982 und Haug 1986 —, Kalpaka/Räthzel 1990). Diese Auseinandersetzungen finden statt in einer Serie von diskursiven Praktiken, den permanenten Verschiebungen von Sinn, in die die Individuen immer schon verwoben sind, in denen sie sich konstituieren und als sprechende und interpretierende Akteure beteiligen. Es kann also nicht unterstellt werden, daß es so etwas wie *das* rassistische Subjekt gibt. Der Begriff des Vorurteils stützt aber — auch gegen die Intentionen der Autoren — eine essentialistische Psychologie. Denn sie betrachten die sprachlichen Äußerungen der Befragten nur als sprachliche Manifestationen von vorhandenen bzw. nicht vorhandenen Vorurteilsstrukturen. Dabei wird die Sprache generell als ein konventioneller Zensurmechanismus angesehen, gegen den sich schließlich tieferliegende psychologische Charaktermerkmale durchsetzen. Bei diesem Verfahren wird aber methodisch notwendigerweise überverallgemeinert und von einzelnen Sätzen auf eine vollständige und zugrundeliegende Vorurteilsstruktur geschlossen. Im Widerspruch zum Ansatz, der vom Charakter als einem Spannungsfeld ausgeht, erscheint der Charakter als ein Vektor, der mit Notwendigkeit in eine bestimmte Richtung weist. Politisch kann daraus eine überzogenene und schließlich nichtssagende Verwendung des Autoritarismus- und Antisemitismusvorwurfs folgen. Tatsächlich weiß man vom Vorurteil nur über jeweils einzelne Sätze. Diskursanalyse setzt gerade hier ein und analysiert das semantische Potential der Lexik, syntagmatischer Funktionen, Sequenzen einzelner Äußerungsereignisse und kollektiver Symbole (vgl. Link 1988). Es wird angenommen, daß erst im diskursiven Prozeß über metaphorische Verschiebungen und Metonymien und immer wieder von neuem die rationalen Elemente des Alltagsdenkens zu einer rassistischen Formation artikuliert und die rassistischen Subjekte und Objekte konstituiert werden. Eine notwendige Dynamik, in der sich das autoritäre Subjekt gewissermaßen teleologisch selbst auf den Begriff bringt, gibt es in dieser ideologischen Formation nicht. Die einzelnen diskursiven Elemente können kritisch auf ihren rationellen Kern geprüft und aus der Formation des Rassismus herausgelöst werden. Darauf verweisen auch Adorno und Horkheimer, wenn sie praktische Vorschläge für die Auseinandersetzung mit dem Antisemitismus machen.

Exkurs zu kritischer Sprachtheorie und Diskursanalyse

Die Annahme der Kritischen Theorie, daß die Wahl einer Ideologie von zugrundeliegenden charakterlichen Disposition bestimmt ist, hat unmittelbar Konsequenzen für die Konzeption von Sprache. Zugespitzt läßt sich sagen, daß sich in der Sprache lediglich das Vorurteil niederschlägt und manifestiert. Die Sprache ist das Medium, in dem der Ethnozentrismus und Antisemitismus sich ausdrücken. Damit dies möglich ist, muß die Sprache und vor allem der Charakter der Rede sich selbst historisch entscheidend ändern und der neuartigen psychischen Struktur des sprechenden Individuums funktional unterworfen werden. Der Ausgangspunkt zur Beurteilung der Veränderung der Sprache ist eine sehr hohe, normative Wertschätzung ihrer dialogischen und intersubjektiven Dimension. Grundlage der Sprache, so wird angenommen, war die Tätigkeit des Bürgers; sie war mit ihr verknüpft und konnte deswegen auch wirksam werden. Von Argument und Gegenargument ging einst, im Gespräch zwischen Bürgern, das Neue aus (vgl. Horkheimer 1974, 26). Sprache lasse sich von Glück nicht trennen; und da Sprache als solche das Medium des Allgemeinen sei, müsse sie, ob sie wolle oder nicht, den Anspruch erheben, wahr zu sein (vgl. Horkheimer 1974, 123). Neben dem sozialen Aspekt impliziert dieser Anspruch auch, daß Sprache einen Sinn hat und einen Sachverhalt bedeutet. Sprache weist über sich hinaus auf Gegenständliches, mit dem sie — vermittels eines begrifflichen Prozesses — übereinzustimmen trachtet. In allen ihren Funktionen wurde Sprache nun durch die historische Entwicklung beeinträchtigt oder schließlich sogar zerstört. Der dialogische Charakter der Sprache ging verloren, nachdem sie zu einem Instrument der politischen Stellungnahme, der Verlautbarung und der Kommunikation gemacht wurde. „Heute ist die Rede schal, und die, welche nicht zuhören wollen, haben gar nicht so unrecht. Einesteils ist das Wort Lenkungsinstrument der armseligen Führergestalten der Massengesellschaft, ihr hypnotischer Hammer ... andererseits fristet es am Rande der zu Ende gehenden bürgerlichen Zivilisation ein mickriges Dasein als Bildungsgespenst. (...) Das Sprechen ist überholt“ (Horkheimer 1974, 26f.). Zwar wurde der intersubjektive, pragmatische Charakter der Rede nicht völlig beseitigt, aber er wurde politischer Herrschaft unterworfen in der Weise, daß Sprache schließlich auf Kontrolle und Manipulation reduziert ist. Der interaktive Aspekt wird beseitigt: die Individuen werden zu passiven Empfängern der Worte von oben, der Herrschenden, des Kulturapparats gemacht. Sie sollen die Sprache nicht verstehen, sie sollen nicht nachdenken und das Verstandene deuten, sondern reflexartig auf Kommandos und Schlagworte reagieren.

Diese Unterwerfung der Sprache unter eine ihr äußere Gewalt verändert auch ihre signifikative Funktion grundlegend. Sprache verliert ihre gewissermaßen strukturelle antipositivistische, wahrheitsorientierte Fähigkeit, bedeuten, auf Äußeres hinweisen zu können. Sie wird in ein System von Signalen und Zeichen transformiert. Die Worte sind keine substantiellen Bedeutungsträger mehr — historisch vermittelte Einheit von Wort und Gehalt —, sondern qualitätslose Zeichen; der Wortlaut gilt als zufällig und die Zuordnung zum Gegenstand arbiträr (vgl. Horkheimer/Adorno 1947, 192).

Diese Überlegungen bestimmten auch in hohem Maße die empirischen Untersuchungen des Instituts. Im Rahmen einer im Winter 1950/51 durchgeführten umfangreichen Studie, in der mit dem Mittel der Gruppendiskussion Einstellungen der deutschen Bevölkerung zu ausgewählten weltanschaulichen und politischen Fragen untersucht wurden (vgl. IfS 1955), wurden die Diskussionsprotokolle auch unter dem Gesichtspunkt ihres sprachlichen Charakters analysiert. Die Erfahrung der Subjekte, bloß Objekte der historischen Entwicklung zu sein, schlüge sich auch in der Sprache nieder, die letztendlich nur noch der Entfremdung der Individuen Ausdruck verleihe (vgl. Köhne/Schweppenhäuser 1951, 15). Der historische Prozeß werde weitgehend in Metaphern erlebt, die aus dem Bereich der Werbung und des Jahrmarkts kommen: das Individuum reduziere sich selbst auf einen Zuschauer, der sein Vergnügen an einer „Bombennacht" zu finden scheine. Doch das Ausmaß der Sprachzerstörung geht dieser Analyse nach noch sehr viel weiter. Sprache sei völlig monologisch geworden und führe das Individuum nicht mehr, im Medium des Dialogs, über sich hinaus. Mit Klischees tapeziere das Individuum, zur Monade geworden, den Innenraum seiner Vorstellungswelt aus. Versuche es, sich dialogisch zu verhalten, finde es keine Wörter mehr für die Erfahrungen und Tatsachen der gesellschaftlichen Realität und greife schließlich auf die Sprache der Werbung, der Medien und auf gängige Redensarten zurück. Dabei zerbreche auch die diskursive Struktur der Sprache. „Auch wo das syntaktische Gefüge noch erhalten ist, ist es dem inneren Ablauf der Satzketten entfremdet. Syntax und Rhythmus fallen auseinander und der Rhythmus selber zerfällt in eine Kette von immer wieder abbrechenden und neu ansetzenden Wortstößen, die die Trümmer der Syntax, sinnlos gewordene logische Sprachpartikel, mit sich fortreißen." Diese Ausführung bezieht sich auf das folgende Beispiel: „Ja, also um die Negerfrage nochmals vorwegzunehmen — und gerade da finde ich, daß Amerika sich auf der einen Seite auf der Olympiade sich sämtliche — also überhaupt im Sport — sich sämtliche Pokale oder Ehrungen durch Neger zuführen läßt; in den amerikanischen Sekten gerade die Neger anbetet; als Haupteinsatz im Krieg — als teilweise Spezialeinheiten — Neger nimmt: dann kann man auf der anderen Seite nicht die Neger derartig deklassieren" (Köhne/Schweppenhäuser 1951, 78f.). Die Rede sei zerstört, diskursives Denken durch das Pathos einer tönenden Aussprache von Klischees ersetzt, die von den Medien vorgeprägt und zur Verfügung gestellt würden; die Sprecher stammelten und torkelten nur noch. Die Sprache bedeute nicht mehr und ermögliche es nicht mehr, die Realität zu begreifen. Vom Zusammenbruch bedroht, treibe die Logik der Rede die Individuen dazu, zur Metapher Zuflucht zu nehmen; sie werde in der Rede universal. „Was die Desorientierten zu dieser hinzieht, ist, daß sie Kompliziertes, Undurchsichtiges, Fremdes in ein vertrautes Bild übersetzt. In einem Satz wie 'Diese Flagge auf den Weltmeeren muß ausradiert werden' schließt der Sprecher sich völlig in Metaphern ein; die Welt soll ihm ein vertrautes Gesicht zukehren. Darüber aber geht der metaphorische Charakter der Worte verloren: sie werden nicht mehr auf einen Sachverhalt bezogen, wie er an sich ist, sondern erscheinen als dessen direkte Benennung. 'Diese Flagge auf den Weltmeeren muß ausradiert werden' verdichtet sich zur direkten Benennung eines Sachverhalts — eine Flagge befindet sich auf dem Meer wie auf einer Malfläche, und darüber ist ein Radiergummi gezückt —, der in sich geschlossen ist und nicht mehr, als bloßes Bild, über sich hinausweist" (ebd., 87). Aufgrund dieser Veränderungen der Sprache verständigen sich die Individuen nicht mehr in dem emphatischen Sinne einer Verständigung über die Wirklichkeit, auf die sie noch einwirken könnten. Gleichwohl behält die Sprache auch in ihrer reduzierten Form die Funktion eines Verständigungsmediums. Ihre metaphorische, konnotative, assoziative Seite rückt in den Vordergrund. Es ist ein untergründig wuchernder Assoziationsbereich, eine Art Geheimsprache, die Sprache einer „unterirdischen Verschwörung", in der sich die Individuen verstehen und sich ihres wechselseitigen Konformismus versichern (vgl. ebd., 41). Der manifeste Charakter der Sprache wird immer mehr zugunsten des psychodynamischen Aspekts verdrängt, sprachlich-diskursives Denken scheint von einem der Traumarbeit verwandten Vorgang abgelöst zu werden (vgl. ebd., 524). Unschlüssig waren sich die Autoren über die Interpretation ihrer Beobachtung, die sie ganz nahe an die Einsichten der strukturalen Linguistik und Semiologie heranbringt. Sie könne entweder bedeuten, daß „die irrationale psychologische Dynamik sich der zerfallenden, dem denkenden Ich entgleitenden Sprache bemächtigt" oder daß „diese Dynamik selber sprachlichen Wesens sei, die Traumarbeit etwa das Wirken einer objektiven Dynamik der Sprache, die sonst straffer kontrolliert ist" (ebd.). Wie auch immer die Ursache sein mag, so ist die Sprache grundsätzlich irrational geworden. Mit ihrer Unschlüssigkeit reagieren die Autoren aber durchaus folgerichtig auf einen gewissen, in der Kritischen Theorie vorhandenen, kritischen Funktionalismus, der die Ursache der Zerstörung der Sprache in ihrer Unterwerfung unter kulturindustrielle Funktionen sieht und eine zunehmende Zerstörung, Verwilderung und Irrationalisierung beobachtet. Das Maß dieser kritischen Beurteilung ist die Norm einer Sprache, die als solche Rationalität, Wahrheit und Erfahrungsoffenheit verbürgt.

Ohne hier näher auf die Sprachtheorie Jürgen Habermas' eingehen zu können, läßt sich doch eine Bemerkung anschließen. Sein Versuch, die dargelegten Überlegungen der älteren Kritischen Theorie zur Sprache noch zu radikalisieren, indem er die normativen Grundlagen der Gesellschaftskritik tiefer legt und sie im sprachlichen Handeln, in der wechselseitigen Anerkennung und performativen Bindung der Sprechenden, angesiedelt, unterläuft die dargestellte geschichtsphilosophisch-finalistische Kritik der Sprachentwicklung. Mündet sie in die These, daß Sprechen obsolet, Verständigung nicht mehr möglich und Sprache nur noch Mittel der Manipulation ist, so geht Habermas davon aus, daß über Sinnprozesse nicht von oben, also von den Herrschenden und der Kulturindustrie, verfügt werden kann. Sinn entzieht sich einem solchen Zugriff, weil er durch die Eigenaktivität der Individuen, im Gespräch, durch Interpretation, Deutung und Verständigung, immer wieder neu erzeugt wird. Doch indem Habermas die Sprache zum Ort unverfälschter Rationalität und zum privilegierten und unhintergehbaren Bezugspunkt der Gesellschaftskritik macht, entzieht er sie selbst gleichzeitig dem historischen Prozeß — Sprache und Sprechen werden als solche unhistorisch und stehen für eine ideologie-, herrschafts- und konfliktfreie Sphäre reiner Verständigung, die allenfalls durch äußerliche Störungen verzerrt werden kann. Dies mag auch unter anderem erklären, warum vom normativistischen Ansatz Habermas' bislang keine Anregungen zur Untersuchung von sprachlich vermittelten Auseinandersetzungen zwischen kulturellen Deutungssystemen bzw. Formen symbolischer Herrschaft ausgegangen sind[3].

Anders im Fall diskursanalytischer Verfahrensweisen. Sie teilen die Einsicht der Kritischen Theorie, daß Individuen auch symbolisch-sprachlich vergesellschaftet sind. Doch wird weder angenommen, daß die Sprache sozialen Konflikten und Auseinandersetzungen entzogen, noch daß sie bloß Mittel von Herrschaftsstrategien zur Manipulation der subalternen Bevölkerung sei. Diskurse stellen in diesem Sinn selbst ein Medium und einen aktiven Faktor der sozialen Auseinandersetzung dar, weil in ihnen der Sinn und die Bedeutungen erzeugt werden, die die Individuen sich, ihrem Leben, der sie umgebenden erfahrbaren wie der nicht erfahrbaren Realität geben. Der Sinnprozeß läßt sich also nicht herrschaftlich unterbinden; allerdings knüpft sich daran eben auch die Vermutung, daß gerade bestimmte Formen der diskursiven Erzeugung von Sinn ein Faktor von Herrschaft sind. Dies kann so weit gehen, daß auch bestimmte Bedeutungen, die Diskurse dem Verhältnis des Individuums zu sich selbst geben, in denen sich also das Individuum als ein Selbst wiedererkennt und sich seine Handlungen zurechnet — daß diese Bedeutungen als eine Form der konflikthaften Unterwerfung verstanden werden. Im besonderen Fall gilt das auch für rassistische Diskurse, die die Erfahrungen der Individuen und ihr Verhältnis zu sich und anderen zu einer spezifischen Subjektposition des rassisch oder ethnisch überlegenen Subjekts ausarbeiten.

Eine weitere Differenz stellt die Bewertung von Zeichen und Metaphern dar. Der historische Prozeß des Zerfalls der Sprache wird in der Kritischen Theorie gemessen am Maßstab des Verhältnisses von Gehalt und Zeichencharakter bzw. der Durchsetzung metaphorischer Wendungen. Insbesondere die Verwendung von Metaphern muß im Kontext der älteren Kritischen Theorie als der negative Gegenpol begrifflichen Denkens verstanden werden. Hier nimmt eine materialistisch-kritische Semiologie (in der Tradition Bachtins, Volosinovs, Medvedevs) eine deutlich andere Akzentierung vor. In der Diskursanalyse werden Ideologien nicht mehr als Bewußtseinsvorgänge, Vorstellungen oder Ideen analysiert. Ideologien haben eine reale Materialität in den sprachlichen Zeichen. Diese Zeichen sind kein neutrales Medium, um in das Bewußtsein einer Person hineinsehen zu können; vielmehr organisieren sie durch ihre Verkettung, ihre Artikulation, spezifische Sinneffekte. Bewußtsein ist aus dieser Sicht also ein Sinneffekt, eine Bedeutung, die wir in dialogischen Prozessen bestimmten Zeichen geben. Es ist jeweils Teil einer komplexen diskursiven Formation — diese verstanden als eine relativ kohärente Einheit von Äußerungsereignissen. Gerade weil es sich um Zeichen und nicht um Signale handelt, ist der Bedeutungsprozeß offen. Denn insofern Signifikanten nur aufgrund von Konventionen einen spezifischen Bedeutungsgehalt haben, kann und wird dieser durch jede Äußerung modifiziert. Bedeutungen müssen, mit anderen Worten, in der kollektiven Sprechpraxis ständig reproduziert, also neu aufgenommen und in immer neuen dialogischen Kontexten durch Sprecherinnen und Sprecher behauptet werden, damit sie als solche relativ stabil werden und das Alltagsbewußtsein bestimmen können. Für das Thema des Rassismus hat dies eine unmittelbare Konsequenz. Die Dauerhaftigkeit antisemitischer und rassistischer Einstellungen läßt sich danach weniger durch eine untergründig stabil bleibende Charakterstruktur erklären. Vielmehr gibt es im sozialen Raum eine Vielzahl von Äußerungen, die jeweils ethnozentrisch, nationalistisch oder rassistisch sind oder sich zu entsprechenden Bedeutungsketten und Kontexten zusammenschließen, ohne als solche immer schon diese Bedeutung zu haben. Dies bedeutet aber auch, daß es Alltagspraktiken der unterschiedlichen sozialen Kollektive gibt, in denen rassistische Bedeutungen (re)generiert werden, bzw. soziale Akteure und Institutionen, die sich um die Kontinuität und Proliferation rassistischer Bedeutungen bemühen und versuchen, Alltagsdiskurse zu dialogisieren und deren Bedeutungen zu transformieren.

Ein Beispiel für das Spiel dieser Mehrdeutigkeiten ist das oben angeführte, in dem der Sprecher beklagt, daß die Verhältnisse in den USA rassistisch seien, gleichzeitig die Schwarzen aber instrumentalisiert würden, um das internationale Renommee der USA anzuheben. Diese sachlich zutreffende Äußerung verknüpft sich aber nicht mit einer weitergehenden Kritik am Rassismus, sondern verbindet sich mit dem Versuch, „den USA" das Recht der Kritik an der Vernichtungspolitik des nationalsozialistischen Deutschland abzusprechen und „die Deutschen" und ihren Rassismus zu exkulpieren. Die ganze Äußerung liest sich aus der hier vorgeschlagenen Sicht also weniger als Sprachzerfall, sondern als ein dialogisch hergestellter Kompromiß zwischen dem Ziel der Entschuldung und der Abwehr antirassistischer Einsichten. Um dieses Ziel zu erreichen, führt der Sprecher sechs diskursive Operationen aus. Als erstes wählt er ein unschuldig wirkendes Beispiel, das an ein grundlegendes und heimliches Einverständnis der Teilnehmer appellieren könnte: „die Amerikaner" kämpfen (auch) im Sport mit unfairen Mitteln und setzen Nichtweiße ein. In einem Bedeutungskontext, in dem die USA als eines der liberalen angelsächsischen Länder gilt, die durch Krämergeist, Juden und universalistische Normen bestimmt sind, könnte dies als eine besondere Infamie „des Juden" gelten, der seine Ziele der Weltherrschaft auch mit Hilfe von Schwarzen zu erreichen sucht. Der Sprecher übernimmt zweitens Gleichheit als einen antirassistischen Maßstab. Dabei kann er aber drittens nicht sicher sein, ob die List dieser Methode immanenter Kritik an den Verhältnissen in den USA von den Teilnehmern akzeptiert wird und nicht unter ihnen vielmehr ein unverblümter Antiamerikanismus und die entsprechende Ablehnung liberaler Werte vorherrscht. Deswegen unterbricht er sich und versichert sich offensichtlich des Rückhalts und der Bindewirkung seiner Äußerungen. Er muß, viertens, sein Ziel aussprechen, ohne daß er, fünftens, wirklich sicher sein kann, ob die Offenheit gegenüber einer überlegenen Macht, der amerikanischen Besatzung, von anderen gewünscht wird. Unterstellt wird bei dieser Interpretation sechstens, daß der Sprecher davon ausgehen kann, daß die Exkulpationsstrategie als solche überhaupt auf Resonanz und eben nicht auf Ablehnung stößt. Doch auch dies kann er nur in der Situation durch diskursive Tastversuche herausfinden, denn es könnten sich ja einige finden, die von den Gleichheitsargumenten, die er nur als List einsetzt, wiederum überzeugt werden. Der Sprecher ist bestrebt, dies zu verhindern, doch formuliert er gleichzeitig so, daß er im Zweifelsfall auch die Seite wechseln könnte.

Diskursive Prozesse sind also offen und können in verschiedene Richtungen tendieren. Die Individuen sind nicht auf Reflexbündel reduziert, die bloß auf Signale reagieren, sondern sind in den Diskursen immer selbst aktiv. Der Charakter selbst, die Triebdynamik, die sich an bestimmte Wörter und Sätze knüpft, kann in diskursiven Prozessen mit gegenläufigen Bedeutungen verschoben werden. Ist der Zeichenprozeß also in sich offen, so ist es dennoch unmöglich, die Diskurse und die Zeichen als solche zu überschreiten und zu verlassen. Zeichen bedeuten das Reale — aber es sind immer die Zeichen, die dies tun. Gleiches gilt für Metaphern. Es ist nicht möglich, aus dem metaphorischen Charakter der Sprache herauszusteigen. Insofern ist die Beobachtung vom universalen Charakter der Metapher zwar richtig, gibt aber gerade deswegen kein Kriterium für die Beurteilung der historischen Entwicklung der Formen diskursiver Vergesellschaftung. Metaphern verstellen nicht nur die Erkenntnis des Realen, indem sie erkenntnisblockierende und taube Assoziationen verketten. Als Fähren, die Bedeutungen transportieren und verbinden, können sie eine komplexe Realität ebenso auch zugänglich machen und sich zu dem „erlösenden Wort“ verdichten, auf das Adorno immer hoffte.

Beide Sprachkonzeptionen führen aber auch zu methodischen Aporien. Insofern die Kritische Theorie Sprache als eine Funktion von Charakterstrukturen betrachtete, liefen ihre empirischen Untersuchungen Gefahr, in einer Tautologie zu münden. Die in den Analysen über Vorurteil als Untersuchungsinstrument entwickelten Skalen bestanden aus einer Serie von Fragen, auf die die Probanden zu antworten hatten. Dabei wurde methodisch kaum berücksichtigt, daß Sprache sozial kein einheitliches Phänomen ist. Vielmehr haben unterschiedliche soziale Klassen auch ein sehr unterschiedliches Verhältnis zur Sprache, beherrschen die formalisierten Normen in unterschiedlichem Maße, bilden eigene diskursive Praktiken aus, bewerten diskursive Äußerungen sehr unterschiedlich. Wenn sich nun die Befragten während der Befragung nicht angemessen äußerten, mußte zwangsläufig auf eine spezifische, d.h. autoritäre Charakterstruktur geschlossen werden. Es kam also zu methodisch bedingten Verzerrungen dadurch, daß besser Gebildete mit einem besseren Zugang zu dem von den Fragebögen vorgebenen kulturellen Code auch leichter den brisanten Punkten der Fragen ausweichen konnten (vgl. dazu Jaerisch 1975). Im Verfahren der Gruppendiskussion hätte es theoretisch gesicherter Annahmen über sozial spezifische Dialogpraktiken bedurft, um methodisch den sozialen und vor allem den Bildungsfaktor berücksichtigen zu können. Dies wurde aber mit der These umgangen, daß die Sprache in der Massengesellschaft soziologisch nivelliert worden wäre (vgl. Köhne/Schweppenhäuser 1951, 527).

Insofern diskursanalytische Verfahren von konkreten Kontexten und dialogischen Äußerungspraktiken ausgehen, können sie ein solches, dem Sprachfunktionalismus geschuldetes methodisches Problem vermeiden. Doch kann sich auf überraschende Weise umgekehrt genau das Problem einstellen, auf das Horkheimer hinwies. Wenn, wie angenommen wird, ,,Rasse" ein Signifikant ist, der durch den rassistischen Diskurs mit bestimmten Vorstellungen verbunden ist, dann drängt sich allzuschnell eine sprachidealistische Vorstellung auf, wonach Sprachanalyse diese Verbindung leicht auflösen und den Bedeutungsgehalt anders artikulieren könne. Diskursanalyse, die von der Autonomie der Ideologie ausgeht, schlägt hier in eine triviale Form der Ideologiekritik um — bestimmte Bedeutungen erscheinen wie eine Art sprachlicher Dunst, den sie leicht verflüchtige. Der sachliche Gehalt von Bedeutungen wird selbst nicht mehr analysiert. Den Zusammenhang von ,,Rasse" und Klasse diskutierend, hat Philip Cohen diesen Idealismus kritisiert: „Autonomiemodelle gehen dagegen von einem radikalen Bruch zwischen 'Rasse', Klasse und Ethnizität aus; sie argumentieren, daß ihre jeweilige Artikulationsweise zufallsbedingt ist und von Fall zu Fall konkret ausgearbeitet werden muß. Doch müßte diese Position, konsequent zu Ende gedacht, zu der Behauptung führen, daß zwischen den kaufmännischen Berufen, die zu ergreifen viele Juden gezwungen wurden, und ihrem im alltäglichen Antisemitismus existierenden Image als 'Ausbeuter' absolut keine Verbindung besteht." (Cohen 1990, 110) Um die methodischen Schwächen zu vermeiden, müssen beide Aspekte integriert werden: Handlungen eines Kollektivs, die mit den sozial spezifischen Diskurspraktiken eine Einheit bilden, in denen es seine Handlungen und Lebensweise ausarbeitet und verallgemeinert.

Versagung des Glücks

Ideologiekritik bedeutet in den Analysen der Kritischen Theorie zweierlei. Erstens kann der Rassismus ideologiekritisch auf Interessen des Kapitals zurückgeführt werden. Er entspricht in diesem Fall nicht dem Interesse der rassistisch eingestellten Individuen. Doch diese Antwort, die sie *auch* geben (Adorno 1959, 572), halten Horkheimer und Adorno für unbefriedigend, denn, mit Blick auf die Interessen der Individuen, der Rassismus sei eben auch rational (vgl. ebd., 563). Ideologiekritik kann weiter bedeuten, sich am Maßstab der Menschen- und Bürgerrechte zu orientieren. Auch wenn beide Autoren immer wieder betonen, daß Demokratie und die Idee der Menschenrechte Ausgangspunkte ihrer Kritik sind, so glauben auch sie nicht an eine darauf gestützte Ideologiekritik. Adorno: „Ich glaube nicht, daß es viel hülfe, an ewige Werte zu appellieren, über die gerade jene, die für solche Untaten anfällig sind, nur die Achseln zucken würden; glaube auch nicht, Aufklärung darüber, welche positiven Qualitäten die verfolgten Minderheiten besitzen, könnte viel nutzen. Die Wurzeln sind in den Verfolgern zu suchen, nicht in den Opfern, die man unter den armseligsten Vorwänden hat ermorden lassen." (Adorno 1966, 676; vgl. auch Adorno 1954, 465f.) Horkheimer und Adorno beziehen sich in der Weise auf die Menschenrechte, daß sie annehmen, der Rassismus sei eine spezifische Praxis, das in ihnen enthaltene Versprechen auf Gleichheit und Glückseligkeit zu verneinen. Es müsse unter Herrschaftsverhältnissen, die objektiv schon längst nicht mehr notwendig sind, sich aber dennoch behaupten, triebdynamisch negiert werden. Diese Negation bedürfe selbst einer enormen energetischen Anstrengung, und letztere provoziere das Ressentiment, den Haß auf alle diejenigen, die dafür stehen, daß eine bessere Gesellschaft doch möglich sein könnte und Versagung unnötig ist. Jede Form des Nonkonformismus oder Hedonismus kann zum Objekt dieses Ressentiments werden. Dieses rassistische Ressentiment, das das Ergebnis der gewaltsamen Selbstverleugnung eigener rebellischer Regungen, der „Abwehr gegen die Erkenntnis der eigenen Unterwerfung" darstellt, wird auch in neueren Analysen immer wieder beobachtet (vgl. Kalpaka/Räthzel 1990, 78; Autrata u.a. 1989; Elfferding 1989, 102). Insbesondere scheint die gesellschaftliche Arbeitsteilung, die Trennung von Kopf- und Handarbeit, die Wut der rassistischen Subjekte herauszufordern. Der Rassismus, so betont Balibar, nimmt den popularen Willen zum Wissen auf und verspricht, die Kluft zwischen beiden Bereichen zu überwinden, um sie nur um so nachdrücklicher zu befestigen. Damit durchaus übereinstimmend, empfahl Adorno als eine der antirassistischen Maßnahmen, immer wieder darauf hinzuweisen, daß die mit der Handarbeit verbundene und aufgezwungene Versagung historisch überflüssig geworden ist: „Man sollte nicht vor anti-intellektuellen Argumenten zurückweichen, ihnen irgend etwas vorgeben, sondern in ihrem Angesicht zu militanter Aufklärung sich stellen, das heißt, sagen, daß in einer Gesamtverfassung der Menschheit und auch der deutschen Nation, in der das Bewußtsein der Menschen nicht länger mehr gefesselt und durch alle möglichen Beeinflussungsmechanismen verstümmelt wird, intellektuell zu sein nicht länger ein beneidetes und darum diffamiertes Privileg wäre, sondern daß im Grunde alle Menschen das sein könnten und eigentlich das sein sollten, was man im allgemeinen den Intellektuellen vorbehält." (Adorno 1962, 382)

Doch findet sich hier vielleicht auch eine interessante Differenz zu den diskurstheoretischen Ansätzen. Denn Juden erfüllen aus der Sicht Horkheimers und Adornos am ehesten die Bedingungen, für ein anderes, freies und glückliches Leben zu stehen, und ziehen deswegen den Rassismus in besonderem Maße auf sich. Anders also als die neueren Autorinnen und Autoren nehmen Horkheimer und Adorno die Referenz auf Natur in den naturalisierenden und biologistischen Zuschreibungen im antisemitisch-rassistischen Diskurs sehr ernst. Wenn ein Stereotyp der nazistischen Juden-Karikatur die Nase ist, so interpretieren Adorno und Horkheimer dies so, daß eine Abwehr gegen eine besonders enge Naturverbundenheit praktiziert wird, die sich mit der Nase als Riechorgan verbindet. Die Naturverbundenheit muß abgewehrt werden, weil sie für das versöhnliche Einschmiegen in Natur, also den Bruch mit der szientifisch-technischen Form der Naturbeherrschung als europäisches Zivilisationsmodell steht. Demgegenüber, so die Annahme, steigere die rassistische Abwehr dieser Mimesis den wissenschaftlichen Gestus klassifizierend-administrativer Gewalt bis zur Paranoia, die, nur noch projektiv, den konkreten Gegenstand nicht mehr wahrnimmt und sich diesem nicht aussetzt. Obwohl also jede Form der Andersartigkeit Objekt des Rassismus werden kann, scheint er sich am ehesten in der Imago des „Juden“ verdichten zu können. Diesem Gesichtspunkt des gesellschaftlichen Verhältnisses zur Natur — wie Körperpraktiken, Sexualität und generatives Verhalten — wird in den neueren Ansätzen, aufgrund ihrer Konzentration auf symbolische Konstruktionen, zu wenig Aufmerksamkeit gewidmet.

Aporien antirassistischer Politik

Der Rassismus, so wie er von Horkheimer und Adorno analysiert wurde, entsprach insgesamt einer neuartigen — und, folgt man hier zusätzlich Gramscis Überlegungen zum Amerikanismus, mit der Phase des Fordismus verbundenen — Herrschaftsstrategie, die die Opposition, den Widerstand und die Rebellion der Beherrschten gegen bestehende Verhältnisse noch zu deren Erhaltung einsetzt. An die rebellischen Tendenzen der Subalternen ist also durch bloßen, ideologiekritischen Appell nicht unmittelbar anzuknüpfen. Ideologiekritik läuft aber auch aus den anderen schon genannten Gründen leer. Die Individuen, von der Kulturindustrie völlig erfaßt, haben ihre Fähigkeit zur Reflexion verloren, ihr Gewissen wurde zerstört. Die Verbreitung des wissenschaftlich-klassifikatorischen Denkens schließlich hat auch die Idee der Gleichheit transformiert. Gleichheit steht für die umfassende administrative Erfassung und Einordnung in die Volksgemeinschaft, die Ausgrenzung und den „Haß auf Differenz“. Ideologiekritisch die Individuen mit den Normen von Gleichheit und Freiheit zu konfrontieren, erweist sich aber auch insofern als aussichtslos, wie eine der bedeutsamen Einsichten, die die Erhebungen in den USA vermittelten, war, daß der konventionelle Charaktertyp sich aus Konformismus immer an die herrschende Macht hält und deswegen auch Bekenntnisse zu einem bestehenden demokratischen System abgeben kann, ohne deswegen seine Normen zu teilen. Im Unterschied zu demokratischen Tugendlehren ist die Kritische Theorie hier skeptisch. Der Behauptung, daß die USA oder Frankreich als alte Demokratien an demokratische Lebensweisen gewöhnt und deswegen vor Antisemitismus gefeit seien, hielt Horkheimer die bedrohliche Verbreitung des Antisemitismus auch in diesen Ländern entgegen (vgl. Horkheimer 1944/46, 365). Dies führt zu einem enormen strategischen Problem im Kampf gegen den Antisemitismus, Rassismus und Nationalismus. Um das Dilemma deutlich zu machen: der humanistische Appell, die Schwachen zu schützen, würde, so Horkheimer und Adorno, die Wut des Rassisten eher noch anstacheln, der es mit der Stärke und der Macht hält und die Schwachen vernichten will. Doch umgekehrt stellten sich auch seinerzeit schon die Fragen, die gegenwärtig wieder diskutiert werden: „Nehmen wir beispielsweise an, daß ein Polizeibeamter oder die Polizeiverwaltung in einer Großstadt es unterlassen hat, einen Polizisten für die Unterstützung antisemitischer Banden zu bestrafen. Soll dann seine Entlassung gefordert werden?" Und weiter: „Gegenwärtig ist Rußland das einzige Land, in dem es keine Form des Antisemitismus zu geben scheint. Rußland hat nicht nur Gesetze gegen den Antisemitismus erlassen, sie werden dort auch wirklich angewandt; und die Strafen sind sehr hoch. Sollte man versuchen, auch in diesem Lande (den USA, AD) solche Gesetze zu verabschieden? Sollten Gruppen, die versuchen, den Antisemitismus zu bekämpfen, für solche Maßnahmen werben oder nicht? Wenn es zutrifft, daß sich der zukünftige Antisemit mit etwas Mächtigerem identifizieren will, dann sind solche Gesetze zu empfehlen, weil sie den Juden stärker machen, als er es ohne Schutz wäre. Viele glauben jedoch, daß damit auch genau die entgegengesetzte Wirkung erzielt werden könnte, daß solche Gesetze möglicherweise die psychologische Situation des 'Schutzjuden' mit sich brächten." (Ebd., 366) Horkheimer und Adorno rechneten sich zu Recht zu letzteren; denn wenn auch ihre theoretische Erklärung für den Sachverhalt nicht immer befriedigt, so war doch ihre Befürchtung zutreffend, daß der Antisemitismus unter der Oberfläche sozialer Konventionen auch in den hervor. Jedoch ist Mißtrauen angesagt, ob diese Entrüstung sich wirklich auf die fremdenfeindlichen, rassistischen Aspekte des rechtsextremen Verhaltens bezieht, oder ob sie sich nicht vor allem und letztlich nur gegen die Gewaltförmigkeit der Tätergruppen wendet, gegen die Politik der Straße, des Pöbels, gegen Selbstjustiz und „direkte Demokratie" von unten. Das Gewaltmonopol des Staates und die uneingeschränkte Zuständigkeit der jeweiligen Behörden werden verteidigt; welche Rolle aber spielen Humanität und Legitimität? Symptom dafür, um was in der gegenwärtigen Asyldebatte gekämpft wird, ist das Hinundhergeschiebe von Asylbewerbergruppen (Hoyerswerda, Greifswald): der Staat darf nicht nachgeben, darf sich nicht erpressen lassen, die Quoten, bürokratisch festgelegt, müssen eingehalten und durchgesetzt werden — die Ängste und das Leiden der Betroffenen dürfen kein Argument sein, wenn es um die Entschlossenheit und Wehrhaftigkeit des Rechtsstaats geht.

Fremdenfeindseligkeit wird zum Skandal, wenn sie beim Bürger das Feld von Meinung und verbaler Äußerung verläßt und aggressiv, gewalttätig wird. Das ist gut so, und schlecht daran ist nur, daß die Empörung so spät kommt und nur die eine Form gewaltförmiger Diskriminierung trifft, die nämlich, die von unten kommt; daß sie sich erst dann gegen Fremdenfeindlichkeit wendet, wenn diese sich verbindet mit Gewalttätigkeit von unten.
So gilt auch für diese Empörung, was für halbe Wahrheiten immer gilt: sie ist verlogen und scheinheilig. Ihr geht es um die Macht, das Machtmonopol und um das Ansehen des Staates — und es ist zu befürchten, daß das bürgerliche Interesse, das jetzt noch den Schutz der Asylbewerber vor den Rabauken organisiert, unter anderen Bedingungen Asylbewerber schonungslos abweist und völlig legal, ohne Fremdenhaß, rein sachgemäß und der Erlaßlage entsprechend tut, was die Krakeeler schreien: Ausländer raus!

Eine kritische Sozialwissenschaft, die immer wieder gebannt auf das soziologische und sozialpsychologische Phänomen des Fremdenhasses, des Antisemitismus und des Rassismus starrt und immer wieder neu die Frage stellt, was jene Rassisten treibt, trägt objektiv mit zur Verblendung der bürgerlichen Gesellschaft bei. So notwendig es ist, die sozialen, gesellschaftlichen Wurzeln des Fremdenhasses aufzudecken und eine radikale „Sozialpolitik" gegen Ungleichheit und Ungerechtigkeit zu fordern: die Fixierung auf die auffällige Tätergruppe, die rassistischen Rebellen, die Lumpen, verschleiert ungewollt das breite Feld alltäglicher Fremdenfeindlichkeit. So notwendig es ist, die politischen und geistigen Eliten beim Namen zu nennen, die jenen Gewalttätigen ihre argumentative Legitimation verschaffen — um sie für ihre Interessen „einzuspannen“: die Fixierung auf jene rechtskonservativen Theoretiker und rechtspopulistischen Parteien blendet zwangsläufig die große, breite Mittäterschaft all jener aus, die weder hassen noch verachten, weder zündeln noch prügeln, sondern lediglich funktionieren müssen — in den Behörden und Ämtern, in den Schulen und Betrieben, in den Gerichten und Polizeiwachen.

Rassismus und Antisemitismus, Fremdenangst und Fremdenfeindlichkeit sind keine wissenschaftlichen Geheimnisse. Es gibt kaum ein soziales Phänomen, das derart intensiv und interdisziplinär erforscht und begriffen ist.[6] Das wirkliche Geheimnis von Rassismus und Fremdenhaß ist kein wissenschaftliches, sondern ein soziales Geheimnis: hinter jeder fremdenfeindlichen Einstellung und Handlung versteckt sich ein gesellschaftlicher Skandal. Die lustvolle Empörung über die unverbesserlichen, ewiggestrigen, gewalttätigen Rassisten dient auch dem Schutz *dieses* Geheimnisses.

So wie die barbarische Gewalttätigkeit von unten die bürgerliche Empörung nach sich zieht, die nun ihrerseits nach der Gewalt des Staates ruft, so ist die fremdenfeindliche Gewalt von unten die empörte Antwort auf Gewalterfahrungen und Gewaltverhältnisse. Nicht ohne inneren Zusammenhang stehen der unzivilisierte Haß der Rassisten auf die Fremden und unsere zivilisierte Abscheu vor jener gewalttätigen Fremdenfeindlichkeit einander gegenüber — und der pädagogische Gegenteileffekt linker politischer Erziehung[7] ist nur eine Variante dieser Verstrickung. Die elitäre Ausgrenzung der „dummen Kerle“ und „faschistoiden Krakeeler“ besonders durch die kritische Intelligenz produzierte den Haß geradezu — gegen die „linken Klugscheißer“. Hier, im Kampf gegen Antisemitismus und Rassismus, setzten wir statt auf Aufklärung auf das Tabu, genauer: auf die Macht bürgerlicher Respektabilität[8]. Daß die unter Bedingungen wachsender sozialer Disparitäten brüchig wird, sollte nicht wundern.

2.

Rassismus ist „die verallgemeinerte und verabsolutierte Wertung tatsächlicher oder fiktiver Unterschiede zum Nutzen des Anklägers und zum Schaden seines Opfers, mit der seine Privilegien oder seine Aggressionen gerechtfertigt werden“, eine wohldurchdachte und empirisch begründete Bestimmung von Fremdenangst und -haß, die mit gutem Grund in die Encyclopaedia Universalis aufgenommen wurde.[9] Doch durch die Maschen dieser Definition fallen ausgerechnet alle jene anonymen feindlichen, diskriminierenden, abwertenden Verhältnisse, unter denen die Opfer in modernen Gesellschaften viel mehr zu leiden haben als unter rassistischen Menschen und Gruppen. Zwar sind für die Aufrechterhaltung dieser Verhältnisse Menschen nötig, doch diese müssen in erster Linie auf ihren Arbeitsplätzen funktionieren — und tun sie es „gut“, dann in Absehung ihrer „persönlichen“ Einstellung zu Ausländern, Juden, Armen, Alkoholikern, Wohnsitzlosen, Kinderreichen usw.

Einzelne Vermieter mögen Fremdenhaß fühlen, der Wohnungsmarkt fühlt nichts, ist aber objektiv fremdenfeindlich. Einzelne Beamte des Wohnungsamtes, einzelne Angestellte gemeinnütziger Wohnungsbaugesellschaften mögen rassistisch sein, die durch Boden- und Baupreise eingeengten Handlungsspielräume der Gesellschaften sind davon ziemlich unabhängig. Einzelne Personalchefs mögen fremdenfeindlich sein, für die Qualifikations- und Leistungsanforderungen, die den ausländischen Jugendlichen ohne Realschulabschluß und ohne Lehre ausschließen, sind sie kaum verantwortlich. Einzelne Lehrer mögen fremdenfeindliche Vorurteile haben, die schwerwiegenden Lern- und Schulstörungen können sie — auch ohne rassistisches Verhalten — ebensowenig korrigieren wie die Sozialisationsbedingungen, aus denen ihre Schüler kommen. Einzelne Polizeibeamte mögen Rassisten sein, die Verhältnisse aber, die zu Bandenkriminalität, zum großen Geschäft in der Rauschgiftszene oder zum kleinen Geschäft mit Omis Handtasche verführen, sind zwar diskriminierend und fremdenfeindlich, rassistisch kann man sie natürlich nicht nennen. Mag der Personalrat eines städtischen Amtes nun fremdenfeindlich sein oder nicht, für die diskriminierenden, Ausländer ausgrenzenden Strukturen der betrieblichen Interessenvertretung, für die sprachlichen, juristischen, ökonomischen und sonstigen kommunikativen

Kompetenzen, die da gefordert werden und zwangsläufig die Partizipationschancen ausländischer Beschäftigter einengen, ist er als Individuum kaum verantwortlich.

Wohl gemerkt, wo es um Schuld und Verantwortung geht, ist kein Rassist entschuldigt mit dem Hinweis auf machtvolle Verhältnisse.[10] Aber: fremdenfeindliche, rassistische Diskriminierung ist unter Bedingungen moderner bürokratischer Industriegesellschaften immer weniger zu fassen durch die „Erfassung“ subjektiver Einstellungen von Individuen. Nicht der Rassist ist das erste Problem des Rassismus, sondern die Art und Weise, wie gesellschaftliche Organisationen und Institutionen die Probleme von sozialer Ungleichheit und Marginalisierung, von Anomie und Armut bearbeiten.[11]

Fremdenfeindlichkeit ist ein sekundäres, abgeleitetes soziales Phänomen — und zwar in zweifacher Hinsicht. Zum einen galt wohl immer schon in gewissem Maß, daß der Rassist die rassistische Unterdrückung nicht generiert, sondern *nur* legitimiert und damit natürlich seinen Beitrag zur Unterdrückung leistet; zum anderen aber gilt heute und in zunehmendem Maße, daß rassistische Unterdrückung in modernen Gesellschaften der Rassisten und der rassistischen Legitimation kaum noch bedarf. Der Rassismus gegen die Schwarzen in den USA konnte tiefgreifend abgebaut werden — bei fortbestehender rassistischer Segregation und Diskriminierung.

3.

Die gegenwärtige Welle von Gewalttätigkeit in der Bundesrepublik hat angesichts der Effizienz objektiver Fremdenfeindlichkeit den Charakter einer anachronistischen Rebellion, getragen von Diskriminierten und von Diskriminierung Bedrohten. Sie ist rassistisch nach unten, sie ist rebellisch gegen oben. Sie ist antidemokratisch und antimodern, wo sie sich gegen die ungerechte Verteilung von Demokratie- und Modernisierungskosten und -risiken wendet, und sie ist anachronistisch, weil sie das in Formen (Gewalttätigkeit) und mit Zielen (soziale Homogenität, Gemeinschaft) tut, die heute „unmöglich“ sind.

Der schon seit längerem sichtbare Schub jugendlicher Gewalttätigkeit, insbesondere in den deutschen Großstädten, scheint unter dem Druck der aktuellen Welle ausländerfeindlicher Aggressionen sich gend. Denn unterstellt wird zum einen, daß es eindeutige, zugrundeliegende soziale Widersprüche gibt, denen erst nachträglich eine soziale Bedeutung aufgeherrscht wird; zum an deren müßte immer noch erklärt werden, warum überhaupt der demographische Diskurs so mächtig werden kann. Um dies zu verstehen, sollte dieser Diskurs aber nicht allein als ein Diskurs der Verdrängung analysiert, sondern auch sein rationeller Kern herausgearbeitet und der Bezug auf Natur — um hier die Anregung Horkheimers und Adornos aufzunehmen — ernst genommen werden. Dies scheint auch deswegen wichtig, weil damit die Aufmerksamkeit auf eine biologistische Argumentationslinie des Neorassismus gelenkt werden kann, die unter dem Eindruck der kulturalistischen Argumentation der Neuen Rechten gelegentlich übersehen oder für zweitrangig gehalten wird (deutlich bei Taguieff 1991). Doch sie beansprucht durchaus, mit den Mitteln der Gentechnologie eine Biopolitik zu verfolgen, die nicht nur minderwertiges und fremdes genetisches Material aus dem Genpool eines Volkes ausscheidet, sondern auch den neuheidnischen Europäer durch gezielte genetische Selektion „empor zum Licht" hinaufzüchtet.

Eines der rationellen Elemente des demographischen Diskurses liegt in der mit jeder Phase der kapitalistischen Regulationsweise notwendig verbundenen Regulation der gesellschaftlichen Naturverhältnisse (vgl. Demirović 1991). Zwei Ebenen dieser Naturverhältnisse sind im Zusammenhang mit Rassismus von besonderer Bedeutung. Der erste Aspekt läßt sich, Gramsci folgend, als das Problem der organischen demographischen Zusammensetzung einer Bevölkerung bezeichnen (vgl. Gramsci 1967, 381f.). Im Akkumulationsprozeß bildet sich über den permanent stattfindenden Ausgleich der Profitraten zu einer Durchschnittsprofitrate innerhalb eines Nationalstaats eine organische Produktionsstruktur heraus. Diese impliziert eine entsprechende gesellschaftliche Arbeitsteilung und Verteilung der Bevölkerung auf soziale Stellungen, Berufe, Regionen etc. Da dieser Prozeß traditions- und marktvermittelt ist, ergeben sich aber immer wieder neue Verwerfungen, die zur Freisetzung großer Bevölkerungsgruppen führen (vgl. Lutz 1984, 101ff.). Diese, mit Blick auf die kapitalistische Arbeitsteilung, jeweils überzähligen Bevölkerungsteile müssen nicht immer die direkte Form einer industriellen Reservearmee annehmen und ein Heer der Arbeitslosen bilden. Im Fall von Frauen und Arbeitsimmigranten gibt es andere Praktiken der Ausgrenzung, wie

Privatisierung oder nationalchauvinistische Grenzziehung. Im letzteren Fall ist die zugrundeliegende Erfahrung für eine rassistische Artikulation nicht die der eigenen Verelendung, sondern die einer Relation zu und eines Vergleichs mit Individuen und Gruppen, die mit ihrer bloßen Anwesenheit ein eingeschliffenes Arrangement zwischen Herrschenden und Beherrschten herausfordern (vgl. Cohen 1990, 107, 113).

Neben der Soziologie und ihrer Form der statistischen Beobachtung, neben der Ökonomie gibt es andere Wissenspraktiken wie Bevölkerungswissenschaft, Sozialhygiene, Sozialmedizin, Gentechnologie, Sexuallehren, die versuchen, die Entwicklung einer ausgewogenen Bevölkerungsstruktur nicht liberal dem Marktprozeß bzw. dem rational planenden, „privaten" Elternpaar selbst zu überlassen, sondern bevölkerungspolitisch aktiv einzugreifen (vgl. Byer 1988; Reinfeldt 1991; Pinn/Nebelung 1991). In allen diesen Wissensformen war und ist der Übergang zum Rassismus fließend, der verspricht, den Prozeß entschieden und mit rigiden Definitionen (man denke an Wörter wie „Belastungsgrenze", „Asylantenflut", „Durchrassung") und Mitteln (Einschließung, Ausgrenzung, Vernichtung) steuern zu können. Es ist die freie politische Verfügung über große Menschenmassen und deren physischen Bestand. Der Rassismus kann als ein Programm verstanden werden, das die konservative Politik einer etatistisch-liberalen Kontrolle des generativen Verhaltens (Stichwort: Abtreibung) staatsinterventionistisch radikalisieren möchte. Foucault spricht in diesem Zusammenhang kritisch von Biopolitik, eine Form der Verschränkung von Wissen und Politik, die auf der im 18. Jahrhundert in der Politischen Ökonomie gemachten Entdeckung der Bevölkerung eines Landes als Reichtum beruht und danach trachtet, diesen Reichtum zu verwalten und durch Normierungs- und Kontrolltechniken zu vermehren (vgl. Foucault 1977, 166ff.; ders. 1991).

Zu dieser Biopolitik gehört als zweiter Aspekt neben dem makropolitischen der mikropolitische, ,,private" Aspekt der Sexualität. Der Sex, so Foucault, wird zum Gegenstand des sozialen Wissens, um ihn gleichfalls kontrollieren und verwalten zu können, ist er doch der Schlüssel zur demographischen Entwicklung. In diesem Fall reicht die Biopolitik bis in das familial-generative Verhalten. Bourdieu (1983) hat darauf hingewiesen, daß es ein Bestandteil der Reproduktion einer herrschenden Klasse ist, ihr Heiratsverhalten zu kontrollieren.

Für die in die Zukunft verlängerbare Delegation von Herrschaft muß es Nachfolger geben, ebenso muß das erworbene Kapital vererbt werden können — und sei es nur in der Form eines dichten Netzes von sozialen Beziehungen und der Ausstattung mit einem bestimmten Habitus oder bestimmten Führungseigenschaften. Die soziale Endogamie ist nicht nur ein wichtiger Faktor, Erwartungen über die zukünftigen Orientierungen der nachfolgenden Generation zu stabilisieren, sondern sie vermittelt allen anderen der gleichen Generation jeweils auch ein Bild über den Grad der sozialen Konformität, stabilisiert also deren Erwartungen und trägt so zur sozialen Kohäsion und zum sozialen Konsens bei. Ein solches Verhaltensmuster durchzieht, wenn auch in unterschiedlichen Formen, alle sozialen Klassen: Erhaltung und Erweiterung des Netzes sozialer Beziehungen im Fall der Aristokratie und des Bürgertums; konfessionelle Abgrenzung im Fall dörflicher Heiratsmuster; korporative Endogamie bei Arbeitern. Insbesondere in diesem Zusammenhang werden körperliche Eigenschaften schließlich auch besonders relevant („Rasseschande“, „Blutschande“). Alle diese sozialen Kollektive beobachten also sorgfältig das generative Verhalten ihrer Mitglieder und entwickeln Normen, an denen sie sich faktisch orientieren. Auch in diesem Fall arbeitet der Rassismus eine Alltagseinstellung aus, indem er Orientierungsmaßstäbe für ein richtiges Heiratsverhalten zur Verfügung stellt und dessen Kontrolle verspricht. Beide Aspekte der Biopolitik stellen eine wichtige und dauerhafte Grundlage in der alltäglichen Lebensweise sowohl der Herrschenden wie der Subalternen dar, auf der sich Rassismen historisch jeweils neu ausbilden können. Gefährlich ist so verstanden der Rassismus nicht nur als (bloß) imaginäre Problemlösung, sondern mehr noch, weil er das Programm einer realen, nämlich bevölkerungspolitischen Lösung darstellt, die, wie andere Politiken auch, konjunkturell auch immer wieder funktioniert hat.

Anmerkungen:

1 Für Hinweise und Kritiken danke ich Helga Flores, Michael Werz, Jost Müller, Nora Räthzel und der Arbeitsgruppe Rechtsextremismus und Fremdenfeindlichkeit am Institut für Sozialforschung.

2 Dies müßte gegen eine Position wie die von Heiner Geißler vertretene eingewendet werden, wenn er verlauten läßt, erst die Auseinandersetzung auf der Führungsebene des Bootes Deutschland, Bundesregierung und Opposition, habe die Radikalen zu ihren Aktionen ermutigt (vgl. FR, 10.10.1991) — als wenn es tatsächlich nur einen Rassismus von unten gäbe, der darauf lauert, seinem Instinkt freien Lauf zu lassen.

3 Auszunehmen wären vielleicht die Arbeiten von J.B. Thompson, der versucht, die unterschiedlichen diskursanalytischen Ansätze und den von Habermas zu integrieren (vgl. Thompson 1988).

Literatur:

ADORNO, TH.W., 1954: Beitrag zur Ideologielehre, in: ders., Ges. Schriften, Bd. 8, Frankfurt 1972

ADORNO, TH.W., 1959: Was bedeutet: Aufarbeitung der Vergangenheit, in: ders., Ges. Schriften, Bd. 10.2, Frankfurt 1977.

ADORNO, TH.W., 1962: Zur Bekämpfung des Antisemitismus heute, in: ders., Ges. Schriften, Bd. 20.1, Frankfurt 1986.

ADORNO, TH.W., 1966: Erziehung nach Auschwitz, in: ders., Ges. Schriften, Bd. 10.2, Frankfurt 1977.

ADORNO, TH.W., 1973: Studien zum autoritären Charakter, Frankfurt.

AUTRATA, O./ KASCHUBA, G./ LEIPRECHT, R./ WOLF, C., 1989: Ausgangspunkte und Fragestellung unserer Reihe am Beispiel und einige inhaltliche Anregungen; in: Autrata u.a. (Hg.): Theorien über Rassismus, Hamburg 1989.

BALIBAR, E./ WALLERSTEIN, I., 1990: Rasse — Klasse — Nation. Ambivalente Identitäten, Hamburg.

BIELEFELD, U. (Hg.), 1991: Das Eigene und das Fremde. Neuer Rassismus in der Alten Welt?, Hamburg.

BOURDIEU, P., 1983: Ökonomisches Kapital, kulturelles Kapital, soziales Kapital, in: R. Kreckel (Hg.): Soziale Ungleichheiten. Soziale Welt, Sonderband 2, Göttingen.

BYER, D., 1988: Rassenhygiene und Wohlfahrtspflege. Zur Entstehung eines sozialdemokratischen Machtdispositivs in Österreich bis 1934, Frankfurt/New York.

COHEN, Ph., 1990: Gefährliche Erbschaften: Studien zur Entstehung einer multirassistischen Kultur in Großbritannien, in: Kalpaka/Räthzel (Hg.) 1990.

DEMIROVIĆ, A., 1990: Kulturelle Hegemonie von rechts. Antonio Gramsci — gesehen von der nouvelle droite, in: Die Neue Gesellschaft/Frankfurter Hefte, H. 4.

DEMIROVIĆ, A., 1991: Ökologische Krise und die Zukunft der Demokratie, in: Prokla 84.

DIJK, T.van, 1991: Rassismus heute: Der Diskurs der Elite und seine Funktion für

die Reproduktion des Rassismus, DISS-Texte Nr. 14, Dortmund.
ELFFERDING, W., 1989: Funktion und Struktur des Rassismus. Eine Theorieskizze, in: Autrata u.a. (Hg.): Theorien über Rassismus, Hamburg 1989.
FOUCAULT, M., 1977: Sexualität und Wahrheit, Bd. 1, Der Wille zum Wissen, Frankfurt.
FOUCAULT, M., 1991: Faire vivre et laisser mourir: la naissance du racisme, in: Les Temps Modernes, Nr. 535, Februar 1991
GRAMSCI, A., 1967: Philosophie der Praxis, Frankfurt.
GUILLAUMIN, C., 1989: Die Bedeutung des Begriffs Rasse, in: N. Räthzel (Hg.): Migration und Rassismus in Europa, Hamburg 1992 (im Erscheinen).
GUILLAUMIN, C., 1991: Rasse. Das Wort und die Vorstellung, in: Bielefeld (Hg.) 1991.
HALL, S., 1989: Die Konstruktion von „Rasse" in den Medien, in: ders.: Ausgewählte Schriften, Hamburg.
HAUG, W.F., 1986: Die Faschisierung des Subjekts. Die Ideologie der gesunden Normalität und die Ausrottungspolitik im deutschen Faschismus, Hamburg.
HEINS, V., 1991: Krise des Fordismus und parapolitische Phänomene, in: M. Jäger/ S. Jäger (Hg.): Aus der Mitte der Gesellschaft (I). Zu den Ursachen von Rechtsextremismus und Rassismus in Europa, Diss-Texte Nr. 20, Duisburg.
HIRSCH, J., 1990: Kapitalismus ohne Alternative?, Hamburg.
HORKHEIMER, M., 1944/46: Antisemitismus: Der soziologische Hintergrund des psychoanalytischen Forschungsansatzes, in: ders., Ges. Schriften, Bd. 5, Frankfurt 1987.
HORKHEIMER, M., 1974: Notizen 1950 bis 1969 und Dämmerung, Frankfurt.
HORKHEIMER, M./ ADORNO, TH.W., 1947: Dialektik der Aufklärung, in: Horkheimer, M.: Ges. Schriften, Bd. 5, Frankfurt 1987.
INSTITUT FÜR SOZIALFORSCHUNG, 1945: Antisemitism among American Labor, New York.
INSTITUT FÜR SOZIALFORSCHUNG, 1955: Gruppenexperiment. Ein Studienbericht, bearbeitet von Friedrich Pollock, Frankfurt.
JÄGER, S./ JÄGER, M., 1991: Die Demokratiemaschine ächzt und kracht — Zu den Ursachen des Rechtsextremismus in der BRD, Diss-Texte Nr. 12 (2. Aufl.), Dortmund.
JAERISCH, U., 1975: Sind Arbeiter autoritär? Zur Methodenkritik politischer Psychologie, Frankfurt — Köln.
KALPAKA, A./ RÄTHZEL, N., 1990: Wirkungsweisen von Rassismus und Ethnozentrismus, in: Kalpaka/Räthzel (Hg.): Die Schwierigkeit, nicht rassistisch zu sein, 2. völlig überarbeitete Aufl., Leer 1990.
KÖHNE, R./ SCHWEPPENHÄUSER, H., 1951: Aspekte der Sprache. Untersuchungen über die Einstellung der deutschen Bevölkerung zu ausgewählten weltanschaulichen und politischen Fragen, Band IV, hekt. Forschungsbericht (3 Teilbände), Institut für Sozialforschung, Frankfurt.
LINK, J., 1988: Über Kollektivsymbolik im politischen Diskurs und ihren Anteil an totalitären Tendenzen, in: kultuRRevolution. Zeitschrift für angewandte Diskursanalyse, Nr. 17/18, Mai 1988, hrsg. von A. Demirović und W. Prigge.

LUTZ, B., 1984: Der kurze Traum immerwährender Prosperität, Frankfurt/New York.

MILES, R., 1991: Rassismus. Einführung in die Geschichte und Theorie eines Begriffs, Hamburg.

MÜLLER, J., 1990: Rassismus und die Fallstricke des gewöhnlichen Antirassismus, in: diskus, H. 2.

PINN, I./ NEBELUNG, M., 1991: Vom 'klassischen' zum aktuellen Rassismus in Deutschland — Das Menschenbild der Bevölkerungstheorie und Bevölkerungspolitik, Diss-Texte Nr. 17, Duisburg.

PROJEKT IDEOLOGIETHEORIE, 1982: Theorien über Ideologie, Hamburg.

REEMTSMA, J.P., 1990: Die Falle des Antisemitismus, in: Bielefeld (Hg.) 1991.

REINFELDT, S., 1991: Rassismus: Die unsichtbare Gewalt, Podium Progressiv 1, Mainz.

TAGUIEFF, P.-A., 1991: Die Metamorphosen des Rassismus und die Krise des Antirassismus, in: Bielefeld (Hg.) 1991.

THOMPSON, J.B., 1988: Sprache und Ideologie; in: kultuRRevolution. Zeitschrift für angewandte Diskursanalyse, Nr. 17/18, Mai 1988, hrsg. von A. Demirović und W. Prigge.

Hans-Gerd Jaschke

Fremdenfeindlichkeit, Rechtsextremismus und das Fernsehen

Eine medienkritische Betrachtung

„Vollends kräftig reizt der Zauber,
der von Bildern ausgeht.
Sie umhüllen gleichsam die Dinge
und Menschen, sie sind aus dem Eindruck
der Sache und
nicht aus dieser selbst gebildet“[1]
(Ernst Bloch).

Politische und gesellschaftliche Außenseiter werden nicht als solche geboren, sie werden dazu gemacht. An diesem Prozeß, den die Soziologie des abweichenden Verhaltens „Stigmatisierung“ nennt [2], kann eine ganze Reihe von Instanzen mit je unterschiedlichem Gewicht beteiligt sein: Familie, soziales Umfeld, Schule, Behörden, Institutionen und — Medien. Im Zeitalter elektronischer Kommunikationsvielfalt ist das Verlangen nach unterhaltender Orientierung, nach der Unterscheidung von Gut und Böse, Tätern und Opfern nahezu unstillbar geworden. Ein Blick in die Boulevardpresse genügt, um zu sehen, in welcher Weise Menschen zu Außenseitern der Gesellschaft gemacht werden: Kriminelle, Skinheads, Autonome, Terroristen und andere Gruppen sind „anfällig“ für den Prozeß der politischen und gesellschaftlichen Ausgrenzung. An den Normbrüchen dieser Außenseiter läßt sich zeigen, was für alle gelten soll. Nirgendwo werden die politischen und gesellschaftlichen Konventionen, das „juste milieu“, eindrucksvoller demonstriert als an denen, die gegen sie verstoßen. Massenmedien können Anerkennung und Glanz verleihen, sie können aber auch ohnehin Randständige, Marginalisierte, Gefährdete gänzlich bloßstellen, Lebensentwürfe behindern, Karrieren zerstören. Rolf Amann hat gezeigt, wie zum Beispiel die örtliche Presse die Berliner Hausbesetzer zu Kriminellen „gemacht" hat[3]. Medien sind sicher nicht allein verantwortlich für die Stigmatisierung von Randgruppen, doch sie stricken mit an der Hervorbringung innergesellschaftlicher Feindbilder, und sie tragen dazu bei, diese aufrechtzuerhalten.

Politische Akteure, die, wie distanziert auch immer, sich auf Traditionen im Umfeld des Nationalsozialismus positiv berufen, *müssen* zu Außenseitern der Gesellschaft gemacht werden, denn in der Umgangsform mit ihnen konstituiert sich die demokratische Identität der Bundesrepublik. Rechtsextremisten bieten sich geradezu an als Objekte der Ausgrenzung. Ein Teil von ihnen huldigt dem Führer und provoziert unverhüllt mit faschistischer Symbolik. Die Radikalsten und Entschiedensten verstehen sich als „politische Soldaten" und propagieren einen expressiven Stil, eine öffentlich inszenierte Selbstdarstellung, als wollten sie noch einmal durch „ästhetische Faszination politisch überwältigen" (Walter Benjamin). Nicht wenige von ihnen akzeptieren die ihnen zugewiesene Rolle als Neonazis, als politische Outlaws und sonnen sich im zweifelhaften Glanze einer politischen Öffentlichkeit, die ständig und unersättlich nach neuer politischer Unterhaltung verlangt. Sie präsentieren sich auf einer visuellen Ebene, die durch die politisch-kulturell bedingte Assoziation zur nationalsozialistischen Bildersprache geradezu einlädt, sie „anschaulich", visuell, inszeniert in Fernsehbildern zu zeigen und zu betrachten. Rechtsextremismus auf dem Bildschirm, im Wohnzimmer, ist ein überaus vielschichtiges, kaum erforschtes Kapitel deutscher Fernsehgeschichte, das hier nur in Umrissen dargelegt werden kann.

Rechtsextremistische Parteien und Organisationen, die Jugendszene rechtsaußen und andere vermeintliche oder tatsächliche politische Nachfahren Hitlers sind ein Thema, dem sich die Medien kontinuierlich annehmen. Insbesondere dann, wenn Parteien wie die NPD Ende der sechziger, die Republikaner Ende der achtziger Jahre auch parlamentarisch Erfolge verbuchen können. In der ersten Jahreshälfte 1989 war der zeitweilige Aufschwung der Republikaner ein Dauerbrenner in der Medienlandschaft. Mitte und Ende 1991 haben ausländerfeindliche militante Aktionen von sich reden gemacht. Der Name Hoyerswerda steht für gewalttätige Übergriffe auf Asylbewerberheime und die beifällige Duldung dieser Vorgänge durch einen nicht geringen Teil der Bevölkerung. Auch das Fernsehen beschäftigt sich damit in den diesem Medium eigenen Sendeformen: Nachrichten, Magazinbeiträge, Features, Diskussionsrunden. Das ist zunächst einmal nichts Außergewöhnliches und entspricht sowohl dem Informationsbedarf der Zuschauer wie auch einer journalistischen Ethik, die zu berichten hat, was es zu berichten gibt. Dennoch ist organisierter Rechtsextremismus auf dem Bildschirm kaum vergleichbar mit der Berichterstattung über andere große oder kleine politische Vorgänge. Wer sich mit den vermeintlich Ewiggestrigen massenmedial auseinandersetzt, für den gelten andere Maßstäbe, als wenn er sich etwa der Grünen, Sozial- oder Christdemokraten annimmt.

Der politische Fernsehjournalismus — ohnehin im Fadenkreuz divergierender Interessen, Anforderungen und Sanktionen von parteipolitischer Seite[4], seit einigen Jahren zudem noch unter dem Konkurrenzdruck privater Anbieter — ist nicht die einzige Instanz, die sich mit dem politischen Protest von rechts beschäftigt. Der Hörfunk, Tages- und Wochenpresse, politische Institutionen wie Parteien und Verfassungsschutz, kleine, aber aktive antifaschistische Aktionsgruppen und Pressedienste, die politische Justiz und die Sozialwissenschaften, aber auch vielfältige Formen der politischen Bildung bearbeiten mehr oder weniger regelmäßig, mehr oder weniger intensiv diesen Protest, liefern Informationen, Deutungen und Interpretationen, drohen Sanktionen an oder führen sie durch. Das objektive Zusammenwirken all dieser Instanzen produziert einen allgemeinen Handlungsdruck, der in dem Maße zunimmt, in dem eine (wie auch immer realistische) Gefahr von rechts angenommen wird. Der gemeinsame, verbindliche politisch-moralische Hintergrund ist die Erinnerung an die nationalsozialistische Vergangenheit und die kollektive Verpflichtung; Ähnliches dürfe sich auch in Ansätzen nicht wiederholen. Den professionellen Bearbeitern des Rechtsextremismus gemeinsam ist die politische Ablehnung rechtsextremer Phänomene und eine ethische Grundhaltung, die auf Ausgrenzung und Verurteilung hinausläuft. Während solche Kontrollinstanzen jedoch durchweg auf geregelte Kommunikationsverfahren zurückgreifen (Wissenschaft, Justiz), auf offensichtliche politische Interessen (Parteien) oder auf dialogische Reflexion setzen können (politische Bildung, teils auch den Hörfunk), fehlt dem Fernsehjournalismus eine eindeutige Zweckbestimmung. Er stellt (in engen zeitlichen Leisten) vergleichsweise breite Öffentlichkeit her, ohne daß Absichten und Wirkungen von Sendungen über Rechtsextremismus eindeutig geklärt wären.

Medien, insbesondere das Fernsehen, haben objektiv durch die Herstellung von Öffentlichkeit auch die Funktion, Personen und Organisationen bekannt zu machen. Zumal bei politischen Außenseitern wäre diese unausweichliche Ebene zu verrechnen mit dem Informations- und Aufklärungsbedürfnis des Publikums, vor allem dann, wenn kontraproduktive Wirkungen geltend gemacht werden können. ZDF-Chefredakteur Klaus Bresser hat die ambivalente Spannbreite zwischen Totschweigen durch Ignoranz und unbeabsichtigtem Hochjubeln durch zuviel Medien-Aufmerksamkeit ausgemessen und auf zwei systembedingte Gefahren aufmerksam gemacht. Totschweigen schaffe den oder die Märtyrer, von denen der Rechtsextremismus zehre, zuviel Berichterstattung hingegen sorge für den Bekanntheitsgrad der Republikaner[5]. Den zeitweiligen Aufstieg der Republikaner hat der Mannheimer Wahlforscher Dieter Roth auch auf die Wirkungen der Medien zurückgeführt. „Die Republikaner", bemerkt Roth, „die bis zum Jahresende 1988 kaum jemandem bekannt waren, lebten kurz vor der Wahl von einem Medienspektakel, das sich im Anschluß an einen umstrittenen Wahlspot der Partei entspann, der sich allein auf das Thema der Ausländerangst konzentrierte. Auf solche Provokationen der äußersten Rechten folgten tumultartige Antworten der äußersten Linken, die Medien stiegen voll ein — und die Republikaner waren bekannt"[6]. Roths — empirisch keineswegs belegte — These ist symptomatisch für die weitverbreitete Annahme, *die* Medien würden erst für die nötige Aufmerksamkeit gegenüber den politischen Außenseitern von rechts sorgen.

Solche Vermutungen sind nicht von der Hand zu weisen. Sie stehen allerdings im allgemeinen Funktions- und Wirkungszusammenhang des Fernsehens, der auch für andere Themen gilt. Sie sind aber dann deplaziert, wenn sie nur davon ablenken, daß fremdenfeindliche Protesthaltungen in der Mitte der Gesellschaft entstehen, aus Alltagserfahrungen letztlich resultieren. Die pogromartigen Ausschreitungen im Umfeld von Hoyerswerda im Herbst 1991 und die Sympathien dafür in Teilen der Bevölkerung belegen dies nachdrücklich. Gleichwohl ist in den Redaktionen die Befürchtung, man könne durch Berichterstattung die politischen Außenseiter von rechts aufwerten, durchaus präsent und führt zu Fragen: Soll überhaupt berichtet werden? Wird dadurch nicht Rechtsextremismus erst aufgewertet, bekannt gemacht? Wenn aber berichtet wird, welche Maßstäbe sollen dann gelten, sind es andere als die üblichen journalistischen Grundregeln?

Den folgenden Überlegungen, die aus unterschiedlichen Blickwinkeln vorgetragen werden[7], soll eine leitende These vorangestellt werden: In der massenmedialen, insbesondere audiovisuellen Bearbeitung von Rechtsextremismus finden sich noch immer zahlreiche Spuren eines Unverständnisses darüber, in welcher Weise die Schatten von Auschwitz, das Nachleben der Vergangenheit, politisch-moralische Verpflichtung für die Gegenwart bedeuten. Adornos Überlegung von 1959, der Nationalsozialismus lebe nach, „und bis heute wissen wir nicht, ob bloß als Gespenst dessen, was so monströs war, daß es am eigenen Tode noch nicht starb, oder ob es gar nicht erst zum Tode kam; ob die Bereitschaft zum Unsäglichen fortwest in den Menschen wie in den Verhältnissen, die sie umklammern“[8] findet unausgesprochen und unverdaut Eingang in die medialen Bilderwelten. Das Massenmedium Fernsehen benutzt rechtsextremistische Phänomene von heute, um das Gestern der NS-Vergangenheit noch einmal zu bekämpfen. Daher dominiert ein verknotetes Bündel von Sensationsberichterstattung, moralischem Aufschrei und volkspädagogischem Pathos auf der einen, Ignoranz und Verharmlosung auf der anderen Seite. Die politische Ausgrenzung des Rechtsextremismus aus dem „Konsens der Demokraten“ ist die Substanz fernsehspezifischer Bearbeitungsformen. Auf der Strecke bleibt das Angebot an den Zuschauer, selbst zu urteilen, eigene Maßstäbe zu entwickeln auf der Basis sachlicher Information. Das Mißtrauen in dem Zuschauer und die Angst vor ihm Zuschauer sind die heimlichen Regisseure.

Produktionsbedingungen

Fernsehberichterstattung über Rechtsextremismus unterliegt einer spezifischen Regelhaftigkeit: sie ist gekoppelt an die Konjunkturen des rechten Protests. Wenn Rechtsaußen-Parteien wie die Republikaner die politische Bühne betreten, wenn rechte Skinheads durch Militanz und spektakuläre Aktionen von sich reden machen, dann, und nur dann, kommt eine Berichterstattung in Frage. Treten solche Phänomene in den Hintergrund, wenden sich die schnellebigen Medien gern (und lieber) anderen Themen zu. Dem Gebot einer kontinuierlichen, unaufgeregten, sachlichen politisch-geistigen Auseinandersetzung mit politischem Extremismus kann das Fernsehen so nicht gerecht werden.

Es ist eine innerhalb der zuständigen Fernsehredaktionen weit verbreitete Auffassung, daß Berichte über Rechtsextremismus „aufrütteln" sollen, sie sollen „betroffen" machen und zeigen, welche Gefahren drohen könnten. Auch mehr als vierzig Jahre nach Hitler ist ein solches Vorverständnis zu rechtfertigen, wenn es sich auf das rudimentäre Nach- und Fortleben des Nationalsozialismus und entsprechende neonazistische Militanz bezieht. Auftrieb erhielt sie überdies durch ein bemerkenswertes Medienereignis, das sich mit dem düstersten Kapitel des Dritten Reiches beschäftigte. Die im Gefolge der Erstausstrahlung der US-Fernsehserie „Holocaust" (1979, WDR) aufgetretenen Reaktionsweisen kulminierten in kollektiver moralischer Empörung über das dargestellte Geschehen und konnten so eine Fülle von Diskussionsprozessen in Gang setzen[9]. Insbesondere auf der Ebene von Features und Reportagen scheint dieses Großereignis zum unausgesprochenen medienpädagogischen Vorbild geworden zu sein. Doch Seifenopern und politische Reportagen lassen sich nur bedingt vergleichen, die Vorgänge um die Judenvernichtung stehen nicht in direkter Beziehung zu heutigen Formen des Rechtsextremismus. Die Betrachtungsweise des „moralischen Aufschreis" hat daher einen hohen Preis zu zahlen, wenn sie auf Features und Reportagen übertragen wird. Der politische Protest von rechts wird durchweg betrachtet als Anknüpfen an den Nationalsozialismus, als Aktion von Ewiggestrigen. Schmierstoffe von Sendungen über Rechtsextremismus sind Schichten des kollektiven Unterbewußtseins, die an die Schrecken des Nationalsozialismus erinnern, und unverdaute Ängste vor einer Wiederkehr des Dritten Reiches. Weniger angstbesetzte Differenzierungen wie etwa die Schnittmengen von Konservatismus und Rechtsextremismus, die Aktivitäten der eher intellektuellen Neuen Rechten[10] oder auch die männerbündischen Strukturen der Rechtsaußen-Szene bleiben so draußen. Daß der Nationalsozialismus nicht nur *gegen* die Demokratie gerichtet ist, sondern *in* ihr fortleben könne, wie Adorno betont hat[11], bleibt unberücksichtigt. Es gibt auf der

Ebene von Features/Dokumentationen kaum Beispiele etwa für die Thematisierung rechter und rechtsextremer Tendenzen in der Mitte der Gesellschaft.

Aus all dem resultiert die Selektivität der Bilder: „Faschisten" auf dem Bildschirm müssen durch und durch faschistisch erscheinen, Hakenkreuze, NS-Symbole, NS-verwandte Sprachmuster und rassistische Parolen sind das Rohmaterial, das in erster Linie interessiert. Die Reduktion von Aktivisten auf Ewiggestrige, auf Neonazis und die moralische Zurichtung der Thematik auf den einfachen Gegensatz von Gut und Böse versäumen zu oft, den Menschen hinter dem Aktivisten zu sehen, seinen Beweggründen nachzuspüren, den *Zusammenhang* von Mehrheit und Minderheit, demokratischer Mitte und politischem Extremismus aufzuspüren. Insofern ist die medienpädagogische Auffassung, Fernsehbilder seien primär unter Aspekten der Emotionalisierung, nicht der kopflastigen Aufklärung zu sehen, ebenso trivial wie haltlos. Nur wenige Fernsehfeatures haben sich die Mühe gemacht, hinter der Fassade von politischer Exotik, blankem Voyeurismus und inszeniertem faschistischem Stil subjektiven Hintergründen, gebrochenen Lebensläufen und biographischen Verstrickungen nachzugehen und sie auch zu dokumentieren[12]. Sie werden häufig deshalb vernachlässigt, weil Verständlichkeit von Motiven unerwünschte Sympathien bei den Zuschauern hervorbringen könnte — und dies verstößt gegen den Kodex aller Fernsehberichterstattung über Rechtsextremismus: auf keinen Fall darf (unbeabsichtigte) Werbung gemacht werden!

Ist der „investigative Journalismus" ein Ausweg? Der SPIEGEL hat für diese Methodik Maßstäbe gesetzt für die Presselandschaft. Im Fernsehen wird sie bisweilen bei politischen Magazinen oder auch in der WDR-Reihe „Gesucht wird..." erfolgreich praktiziert. Beim Thema Rechtsextremismus hat diese Form des Fernsehjournalismus freilich bislang wenig vorzeigbare Ergebnisse gebracht[13], im Gegenteil, die Mehrzahl bisheriger Versuche dieser Art leidet vor allem darunter, daß investigative Methoden ihre Bilder und Realitäten selber konstruieren. In „Wotans Erben" beispielsweise (Bringmann/Gerhard, WDR 1977) versucht das Filmteam gegen den Willen des Veranstalters, ein Treffen der neonazistischen Wiking-Jugend zu drehen. Tätliche Angriffe gegen den Wagen des Teams sind die Folgen und demonstrieren somit eine Gewaltbereitschaft, die vom Team selbst herbeigeführt worden ist — konstruierte Realität und fadenscheiniger Voyeurismus bedienen das Unterhaltungsbedürfnis des Publikums, führen den Gegenstand vor, machen ihn moralisch verwerflich.

Die in der Fernseh-Wirkungsforschung diskutierte „Wissenskluft"-These[14] wird noch vertieft, wenn nationalsozialistische Symbolik das Schwergewicht des Bildmaterials darstellt. Informierte Zuschauer müssen „zwischen den Bildern" Differenzierungen, Informationsselektierungen und -gewichtungen selber vornehmen, weniger informierte Zuschauer werden auf ihre Vorurteile zurückgeworfen, auf die ihnen aus der NS-Filmpropaganda seit Jahren bekannten Bilder des Nationalsozialismus[15].

Der Primat moralischer Betrachtung führt nicht nur zur Reduktion der Thematik auf die nazistischen Momente (unter weitgehender, politisch begründeter Aussparung der Beziehungen zum Konservatismus) und zur Vernachlässigung subjektiver sozialpsychologischer Ebenen, er drängt darüber hinaus zu thematischen Beschränkungen. Nachrichtenfilme über rechtsextremistische Veranstaltungen sind nur insoweit interessant, als es dort Tumulte oder Ausschreitungen gegeben hat, Verlauf und Inhalt etwa von Parteitagen der NPD oder der Republikaner bleiben weitgehend anathema. Reportagen und Features sind in aller Regel der Aktualität verbunden und bemüht, kein Forum für politische Inhalte von rechts zu bilden. Diskussionssendungen schließlich zeichnen sich dadurch aus, daß sie *über* die, aber nicht *mit* den Betroffenen reden[16].

Moralisch aufgeladene Bildersprache, Reminiszenzen an die faschistische Ästhetik und die Erzeugung von Angst vernachlässigen die eigentliche längerfristige Bedrohung einer demokratischen Gesellschaft von rechts: die Fortexistenz rechtsextremer Einstellungs- und Meinungspotentiale[17]. Ich meine damit nicht eine argumentative, verbale Verknüpfung, sondern die Unmöglichkeit einer Verbindung von Bildersprache und Realität: Neonazis auf dem Bildschirm lassen in ihrer expressiven stilistischen Symbolik eine assoziative Verbindung zum autoritären, deutschnationalen und ausländerfeindlichen Nachbarn oder Arbeitskollegen erst gar nicht aufkommen, was das eine mit dem anderen zu tun hat, bleibt für den Zuschauer ein Rätsel, mehr noch: bürgerliche Alltagsexistenz und inszenierte NS-Bildersprache sind für den durchschnittlichen Zuschauer zusammenhanglos.

Falsche Authentizität

Politische Vorgänge sind im Fernsehzeitalter dem Publikum zumeist nur auf der Ebene einer „zweiten Realität" zugänglich, sie sind der unmittelbaren, direkten Erfahrung entzogen; Politiker sind häufig nur aus den Medien bekannt. Geltungsanspruch, Wahrheits- und Objektivitätsgehalte politischer Informationen und Deutungen können im Rahmen der Medienvielfalt allerdings überprüft werden, sie können im Rahmen alltäglicher Kommunikation in der Familie, am Arbeitsplatz auch reflexiv eingeholt werden. Das ist bei unerwünschten politischen Minderheiten freilich ganz anders.

Rechtsextremismus ist der überwiegenden Mehrheit der Fernsehzuschauer praktisch *nur* aus den Medien bekannt. Insbesondere die Aktivitäten kleiner neonazistischer Zirkel bleiben der direkten Erfahrung eines Massenpublikums entzogen. Es gibt weder neonazistische Großdemonstrationen noch Massenveranstaltungen, noch sind deren authentische Auffassungen etwa über Zeitungen oder Publikumszeitschriften allgemein zugänglich. Fernsehbilder über Sonnenwendfeiern, „Kameradentreffen", Parteitage und andere Aktivitäten blühen im Verborgenen, der Zuschauer ist auf die Bilder angewiesen, ohne über eine Kontrollmöglichkeit zu verfügen, weder die eigene Anschauung und Erfahrung noch andere Massenmedien. In diesem Sinne „ergänzen" Fernsehbilder nicht die Erfahrungen des Publikums, sondern sie konstituieren und konstruieren Realität. Fernsehbilder beanspruchen Authentizität im Sinne des Einmaligen, Unwiederbringlichen und des Dabeigewesen-Seins. Ihr fotografisch-dokumentarischer Charakter suggeriert den Eindruck des „So-ist-es", von Wahrheit und Abbildung von Realität.

Hier soll nicht von den künstlerischen und manipulativen Möglichkeiten der Montage die Rede sein, die als Formprinzip bereits Realität zu einer konstruierten werden läßt[18]. Bedeutsamer scheint hier die Frage der Entstehung der Bilder vor Ort, wie kommen die Bilder über rechtsextremistische Veranstaltungen, Funktionäre, Mitläufer zustande? In welcher Weise sind die dergestalt Betroffenen darin involviert, inwieweit tragen sie selber zur Bildkonstruktion bei?

Als Ende der siebziger Jahre die ersten Fernsehdokumentationen über den Rechtsextremismus, insbesondere unter Jugendlichen, produziert wurden[19], war dieses Phänomen relativ neu. Nach den NPD-

Erfolgen in der zweiten Hälfte der sechziger Jahre waren viele der Ansicht, es handele sich um ein Problem der Älteren, der Ewiggestrigen, das sich mit dem Abtreten dieser Generation von selbst erledigen werde. Vor diesem Hintergrund war das Auftauchen jugendlicher Rechtsextremisten eine unerwartete Provokation. Das Interesse von Autoren und Produzenten bestand darin, in aufklärerischer Absicht zu zeigen, daß eine neue Szene rechtsaußen existierte, und zu fragen, wie dies möglich sei. Die Aktivisten selbst wußten zwar ihre politische und gesellschaftliche Außenseiter-Position richtig einzuschätzen, doch im Umgang mit den Medien waren sie noch relativ ungeübt und naiv. Insofern zeigen die Bilder dieser älteren Dokumentarfilme noch wenigstens Bruchstücke aus der authentischen Lebenswelt der Aktivisten und Sympathisanten.

Inzwischen jedoch haben diese, im Zuge stärkerer Organisierung und Professionalisierung, den Aufmerksamkeitswert und die Verstärkerfunktion der Medien im allgemeinen und des Fernsehens im besonderen erkannt und den Versuch unternommen, die Medien zu instrumentalisieren. Die Bandbreite der Funktionalisierung reicht von der Selektivität von Gesprächspartnern (sie werden von oben durch „gatekeeper“ ausgewählt) über die bewußte Streuung von Falschinformationen[20] bis hin zur Terminierung und Durchführung von Veranstaltungen speziell für Fernsehteams. Der Scheckbuchjournalismus bei Teilen der Presse bzw. einigen Wochenmagazinen hat ein übriges getan, die Professionalisierung der rechten Szene und die Verfestigung der Rollenklischees voranzutreiben. Spätere Fernsehdokumentationen mußten mit derartigen Formen der Professionalisierung umgehen und entscheiden, in welcher Weise Bilder noch als authentisch gelten können[21]. Funktionäre wie etwa der 1991 verstorbene Michael Kühnen standen und stehen in der Effektivität den Presseabteilungen der großen Parteien in nichts nach. Kühnen und andere waren und sind mittlerweile nicht nur überaus versiert im Umgang mit den Medien[22], sie vermögen auch sehr genau ihre Äußerungen und Aktivitäten auf die Medien und deren Rationalität abzustimmen. Kühnen wußte wie kein anderer die ihm zugeschriebene Rolle als „führender Neonazi“ zu akzeptieren und zu nutzen: die Widersprüchlichkeit eines politischen und gesellschaftlichen Außenseiters und eines (negativ besetzten) Medienstars. Gerade die „fernsehgerechte“ Kühnen-Gruppe ist, so scheint es, primär ein Medienprodukt, ihre öffentlichen Auftritte sind sorgfältig vorbereitet und gleichen inszenierten Spektakeln.

So entsteht eine kalkulierte, strategische Kommunikation zwischen Subjekt und Objekt, Autoren und Darstellern, die in dem Maße zur falschen Authentizität wird, in dem die Originalität der Bilder als Dokument verkauft wird. Wenn, wie in einem SPIEGEL-TV-Aufmacher am 24. Juni 1990, anläßlich einer deutsch-deutschen Sonnenwendfeier nahe Coburg das Treffen auf Hitlergruß und Skinhead-Ausschreitungen reduziert wird, begleitet von der Botschaft „Sie sind wieder da“, dann ist die falsche Authentizität gleichsam zu sich selbst gekommen. Dann bleibt nichts mehr übrig von dem, was sich hinter den Bildern verbirgt, von dem, worüber es eigentlich zu berichten gilt: „Wie von allen subkulturellen Lebensformen“, notiert Eike Hennig, „werden besonders vom Neonazismus primär 'geltende Anstandsformen' mißachtet, ein geregelter bürgerlicher Tagesablauf gesprengt, 'demonstrative Alltagsrollen modelliert', 'Tabu-Zonen des bürgerlichen Alltags' aufgebrochen, Strafrechtsnormen durchbrochen, 'seriöse Alltagsrollen karikiert' und integrale Objekte (z.B. Fahnen, Uniform, Abzeichen) zur Distanzierung von der 'alltäglichen Kultur des normalen Bürgers' benutzt“[23]. Fernsehbilder, die solche gesellschaftlichen Zusammenhänge vernachlässigen, führen zu einem spezifischen Dilemma. Sie bewegen sich zwischen einer strukturkonservativen Auffassung, die Neonazi-Bilder am liebsten tabuisieren möchte und Ignoranz als einzig angemessene Umgangsform empfiehlt (zumal neonazistische Bilder *unserem* Ansehen im Ausland schaden) und der „heimlichen“ Komplizenschaft mit den Aktivisten, indem das Medium zum objektiven Steigbügelhalter einer politischen Minderheit wird.

Angesichts einer um sich greifenden falschen Authentizität der Fernsehbilder zum Thema Rechtsextremismus stellt sich die Frage, wie der Informationswert der Sendungen erhöht, Aufklärung via Bildschirm vorangetrieben und das Interesse der Zuschauer geweckt werden kann. Dazu sollen abschließend einige Überlegungen angestellt werden am Beispiel des Genres Feature/Dokumentation.

Die Verantwortung des Fernsehens gegenüber dem Rechtsextremismus auf dem Bildschirm besteht darin, Informations- und Aufklärungswissen mediengerecht aufzuarbeiten, mögliche kontraproduktive Wirkungen zu bedenken, falsche Authentizität zu vermeiden und die Thematik in den Zusammenhang einer demokratischen politischen Kultur nach 1945 zu stellen. Das erfordert seitens der Autoren und Produzenten eine über die üblichen handwerklichen Qualifikationen hinausgehende politisch-historische Kompetenz bei der Konzeption, der Erstellung von Drehplänen, bei Montage und Endfertigung. Intensive Vorbereitung und langwierige Recherchen sind dafür ebenso unabdingbar wie eine gewisse Rücksichtslosigkeit gegenüber politischen Interessen von außen und dem stummen Zwang möglichst hoher Einschaltquoten.

Perspektiven — Wie das Fernsehen mit dem Thema Rechtsextremismus umgehen könnte

Die neuere Entwicklung des Fernsehens bietet für solche Anforderungen allerdings wenig günstige Möglichkeiten. Der Dokumentarfilm der Fernsehpionierzeit, der in langen Einstellungen Betroffene selbst zu Wort kommen läßt, der Konzentration und Aufmerksamkeit ebenso beansprucht wie eine „visuelle Rhetorik" (Walter Jens), der auf eine präzise zeitkritische Hintergründigkeit pocht, gehört der Vergangenheit an[24]. Er ist einer Produktionsweise gewichen, die im Zuge von Konkurrenz und Videoclip-Technik auf Tempo setzt, auf sensationelle Bilder, auf immer kürzere Produktionszeiten und schnelle Video-Elektronik. Bilderflut und oberflächliche, kurzlebige Information gehen Hand in Hand. Features und Reportagen heute berücksichtigen nicht nur das Aufklärungs- und Informations-, sondern auch das Unterhaltungsbedürfnis des Publikums. Hastiges „Infotainment" verträgt sich freilich nicht mit einem Strukturproblem, dessen antidemokratischer Output nach einer komplexen, hintergründigen Darstellung verlangt.

Die sattsam bekannten Bilder des Neonazismus im Fernsehen haben sich längst verfestigt zum durchgestylten Ambiente des sanften Erschreckens über die ewiggestrigen, wenn auch jungen „Unbelehrbaren". Deshalb käme es künftig darauf an, die Faszination der Bilder zu hinterfragen, an die Möglichkeiten des älteren Dokumentarfilms anzuknüpfen und präziser, länger, ruhiger, subjektiver zu berichten. Gerade nach Hoyerswerda und inmitten einer faktisch bestehenden multikulturellen Gesellschaft ginge es darum, die Verhältnisse sichtbar zu machen, die Menschen zu fremdenfeindlichem Verhalten treiben.

Biographien, Lebensentwürfe oder auch einzelne Veranstaltungen wie das jährliche Treffen zur Hess-Gedenkfeier in Wunsiedel wären Themen und Gelegenheiten, die einer umfassenden filmdokumentarischen Aufarbeitung würdig wären. Dabei käme es darauf an, die Bilder für sich sprechen zu lassen, aber nicht im exotischen Zusammenhang randständiger Außenseiter-Subkulturen, sondern in ihrer Verwobenheit mit der Mehrheitskultur. Das erfordert die intensive Berücksichtigung sozialer und lokaler Umfelder und die Frage danach, wie die Gesellschaft vor Ort umgeht mit den ungeliebten „Kameraden“ und ihren Claqueuren. Das erfordert Kompetenz, einen langen Atem, Kooperation von Redaktion/Autor/Produktion und Hartnäckigkeit gegenüber von außen artikulierten Interessen. Kooperationen zwischen Fernsehanstalten und Multiplikatoren der politischen Bildung, die eine längerfristige, zielgruppenspezifische Nutzung gewährleisten, sind bisher die Ausnahme[25]. Unter dem Diktat der Einschaltquoten und unter Bedingungen verschärfter Konkurrenz der elektronischen Medien stehen die Zeiten schlecht für derartige reformorientierte Projekte. Es bleibt aber zu hoffen, daß die Einsicht in die Notwendigkeit siegt über die Wiederkehr des Immergleichen.

Anmerkungen:

1 Ernst Bloch, Vom Hasard zur Katastrophe. Politische Aufsätze aus den Jahren 1934-1939, Frankfurt 1972, S. 199.

2 Vgl. den Überblick von Helge Peters, Devianz und soziale Kontrolle. Eine Einführung in die Soziologie abweichenden Verhaltens, Weinheim 1989.

3 Rolf Amann, Der moralische Aufschrei, Frankfurt/New York 1985.

4 Vgl. beispielhaft die Erfahrungsberichte zweier Fernsehjournali sten: Gisela Marx, Eine Zensur findet nicht statt. Vom Anspruch und Elend des Fernseh-Journalismus, Reinbek 1988; Wolfgang Moser, Report. Über das Elend von Funk und Fernsehen. Ein Insider-Bericht, Hamburg 1988.

5 Klaus Bresser, Republikaner vor der Kamera: Soll das Fernsehen zuschauen oder weggucken?, in: Die Zeit, 21.7.1989.

6 Dieter Roth, Die Republikaner. Schneller Aufstieg und tiefer Fall einer Protestpartei am rechten Rand, in: Aus Politik und Zeitgeschichte B 37-38, 1990, S. 27-39, hier S. 27. Der Wahlspot ist dokumentiert bei Claus Leggewie, Die Republikaner, Berlin 1989, S. 11ff., vgl. auch Hans-Gerd Jaschke, Die „Republikaner". Profile einer Rechtsaußen-Partei, Bonn 1990.

7 Es handelt sich um die des Zuschauers, des Wissenschaftlers, der sich seit Jahren kontinuierlich u.a. mit dem Thema Rechtsextremismus beschäftigt, und die des Fernsehautors (u.a. „Ein deutsches Jahr. Rechtsextremismus in der Bundesrepublik", zusammen mit Klaus Schönekäs, WDR 1987).

8 Theodor W. Adorno, Was bedeutet: Aufarbeitung der Vergangenheit, in: Ges. Schriften, Bd. 10.2, Frankfurt 1977, S. 555.

9 Vgl. Dieter Prokop, Holocaust und die Wirkungen von Gewalt im Fernsehen. Bericht über Frankfurter Interviews, in: ders., Medien-Wirkungen, Frankfurt 1981, S. 98-190; Y. Ahren/C.B. Melchers/W. Seifert/W. Wagner, Das Lehrstück „Holocaust". Wirkungen und Nachwirkungen eines Medienereignisses, Opladen 1982.

10 Vgl. dazu Franz Greß/Hans-Gerd Jaschke/Klaus Schönekäs, Neue Rechte und Rechtsextremismus in Europa. Bundesrepublik, Frankreich, Großbritannien, Opladen 1990.

11 Adorno, Was bedeutet: Aufarbeitung der Vergangenheit, a.a.O., S. 555f.

12 Eine Ausnahme in der jüngeren Fernsehgeschichte ist „Schwarze Kluft und Knobelbecher" von Achim Gerloff und Renate Juszig, ZDF 1979, worin biographische Interviews die Motive von Jugendlichen deutlich machen.

13 Ein gelungenes Beispiel ist der in der ZDF-Reihe „Die Reportage" 1989 gesendete Beitrag von Hariolf Reitmeyer über die Republikaner. Auf dieser Reportage fußt der Bericht „Die Führerpartei", in: GP-Magazin 8/1989, S. 1-3.

14 Vgl. Ulrich Saxer, Wissensklassen durch Massenmedien? Entwicklung, Ergebnisse und Tragweite der Wissenskluftforschung, in: D. Fröhlich/R. Zitzlsperger/B. Franzmann (Hrsg.), Die verstellte Welt. Beiträge zur Medienökologie, Frankfurt 1988, S. 141-189.

15 Unser Bildergedächnis über die Zeit des Dritten Reiches ist sehr wesentlich geprägt durch die NS-Propaganda und ihr Bildmaterial, vgl. Gerhard Paul, Aufstand der Bilder. Die NS-Propaganda vor 1933, Bonn 1990.

16 So wurde z.B. der Neonaziführer Michael Kühnen von der Radio-Bremen-Talkshow „Drei nach neun" wieder ausgeladen, als sein Auftritt kurz vor der Sendung bekannt wurde und antifaschistische Proteste einsetzten.

17 Vgl. dazu Konrad Schacht, Der Rechtsextremismus hat eine Zukunft, in: DIE NEUE GESELLSCHAFT 2/1991.

18 Vgl. James Monaco, Film verstehen. Kunst, Technik, Sprache, Geschichte des Films, Reinbek 1988, S. 202ff. Mit Wirkungsaspekten faschistischer Bildersprache beschäftigt sich Hilmar Hoffmann, „Und die Fahne führt uns in die Ewigkeit". Propaganda im NS-Film, Frankfurt 1988.

19 Ich denke hier besonders an: Nazis — gibt's die noch? von Ulrich Leinweber, Basis-Film, Berlin 1977, Wotans Erben von Rolf Bringmann und Dirk Gerhard, WDR 1977, Nur ein paar braune Schafe? von Wolfgang Landgraeber und Dirk

Gerhard, WDR 1979, sowie Schwarze Kluft und Knobelbecher von Achim Gerloff und Renate Juszig, ZDF 1979, vgl. auch das aus einem Fernseh-Feature hervorgegangene Buch von Werner Filmer/Heribert Schwan: Was von Hitler blieb. 50 Jahre nach der Machtergreifung, Frankfurt/Berlin/Wien 1983.

20 Die rechten Funktionäre tendieren z.B. dazu, Kleinstgruppen in Gesprächen zu schlagkräftigen, wachsenden Gruppen umzuinterpretieren, womit sie bei naivgutgläubigen Journalisten offene Türen einrennen.

21 Dazu gehören etwa die Dokumentation von Jaschke und Schönekäs, Anm. 7; Dieter Adler, „Bock auf Hitler" — Warum Jugendliche rechts denken, Take One Filmprod./WDR 1990 und Spurensuche. Rechtsradikalismus in Rheinland-Pfalz von Edgar Verheyen, SWF 1991 (Coproduktion mit der Landeszentrale für politische Bildung Rheinland-Pfalz).

22 Am 21.1.1991 meldet der Hörfunk des Hessischen Rundfunks in einem Magazinbeitrag von U. Holler/R. Fromm, die Gruppe um Michael Kühnen werde 500 Freiwillige aufbringen, um die Streitkräfte des irakischen Diktators Hussein im Krieg gegen die UN-Truppen zu unterstützen. Grundlage ist ausschließlich ein Interview mit Kühnen, aus dem Auszüge gesendet werden. Die Wahrhaftigkeit und Glaubwürdigkeit der Meldung ist in keiner Weise überprüft worden, die nicht offen erkennbare Absicht der Autoren pendelt zwischen (unglaubwürdiger) Information und kalkulierter moralischer Empörung der Hörer. Praktisch ist dies ein Beispiel, wie geschickte Neonazi-Funktionäre die Medien instrumentalisieren.

23 Eike Hennig, Expressive kulturelle und politische Jugendstile in der Bundesrepublik, Siegen 1988 (= HiMon Diskussionsbeiträge 114/88, hrsg. vom Forschungsschwerpunkt Historische Mobilität und Normenwandel an der Gesamthochschule Siegen).

24 Herausragend sind die Filme der „Stuttgarter Schule". In der SDR-Reihe „Zeichen der Zeit" sind zwischen 1957 und 1973 56 Beiträge produziert worden von Autoren wie Roman Brodmann (u.a. „Der Polizeistaatsbesuch", 1967), Wilhelm Bittorf (u.a. Burschenherrlichkeit, 1962) und Dieter Ertel (u.a. Tortur de France, 1960), vgl. dazu Rüdiger Steinmetz/Helfried Spitra (Hrsg.), Dokumentarfilm als „Zeichen der Zeit". Vom Ansehen der Wirklichkeit im Fernsehen, München 1989. Mehr oder (zumeist) weniger deutliche Fortwirkungen der „Stuttgarter Schule" finden sich heute in der SWF-Reihe „Der Dokumentarfilm", in der Bremer Reihe „Unter deutschen Dächern" und in der ZDF-Reihe „Personenbeschreibung".

25 Zu diesen Ausnahmen gehört „Spurensuche — Rechtsradikalismus in Rheinland-Pfalz" von Edgar Verheyen (Anm. 21).

Thomas von Freyberg

Anmerkungen zur aktuellen Welle von Fremdenhaß [1]

1.

Täglich fast finden gewalttätige Angriffe rechtsradikaler, meist jugendlicher Gruppen auf Ausländer und Asylbewerber statt. Ausländerfeindlichkeit ist nichts Neues, auch nichts für Deutschland Typisches. Die Militanz jedoch, die Häufigkeit der Fälle und vor allem eine zunehmende Akzeptanz bei Teilen der deutschen Bevölkerung erschrecken und sind erschreckend. Erinnerungen an die Jahre vor und nach 1933 werden wachgerufen, besonders naheliegend hier in Deutschland; Hoyerswerda war nach 1945 das erste Pogrom in Deutschland: eine brutale, aggressive Schlägertruppe und eine wohlwollend passive, zuschauende Spießbürgerschaft.

Doch das Entsetzen über die Bosheit und Brutalität der rechtsextremen Tätergruppen ist auf seltsame Weise kurzsichtig; es starrt auf den „Radaurrassismus"[2] der „rüden Randalierer", der „Rohlinge von Hünxe", der „Brandstifter, Messerstecher und Schläger" und pflegt dabei sein elitäres gutes Gewissen; es ist peinlich berührt von jenen „engstirnigen", „unanständigen" Deutschen, die „Schande über Deutschland" bringen[3], und übersieht leicht, daß Schande und Diskriminierung für Ausländer in Deutschland schon lange zur Alltagserfahrung gehören. Man hat den Eindruck, es ist der „Pöbel" mit seiner sprachlosen und direkt körperlichen Gewalttätigkeit, der Angst macht — er könnte sich auch andere Objekte seines Hasses suchen. Und anscheinend sind es nicht so sehr die fremdenfeindlichen, rassistischen Aspekte dieser Gewalttätigkeit, sondern vielmehr die barbarischen Ausdrucksformen der Unterschicht, die des Bürgers Schauder hervorrufen.

Ein anderes Rückerinnern an deutsche Geschichte bietet sich an: die eigentümliche Verarbeitung der NS-Barbarei nach 1945. Es waren die „Perser", die „Barbaren", die kulturlosen SA-Horden — geführt von der dämonischen Macht des „Anstreichers", des Aufsteigers aus dem Kleinbürgertum —, die 1933 die Macht ergriffen und von denen Deutschland 1945 erlöst wurde. Der „Rückfall in die Barbarei": noch immer stehen die plebejischen Horden der SA und die Pogrome für die NS-Zeit — und nicht das solide Herrschaftsbündnis zwischen NSDAP, Reichswehr, Bürokratie und Wirtschaft, das die Liquidierung der permanenten Revolution und der Macht der SA voraussetzte. Der „Radauantisemitismus" rief und ruft das Entsetzen hervor, weniger die saubere, rechtsförmige und bürokratisch ordentlich eingeleitete Lösung der Judenfrage gemäß den Nürnberger Gesetzen. Zumindest in den Jahren nach 1933 mußte Hitler akzeptieren, daß das Bündnis mit den bürgerlichen Eliten in Deutschland von ihm ein vorsichtiges, moderates Vorgehen gegen die Juden abverlangte[4]. Nur auf „legale" Weise war seine „Revolution" zu machen; und so bekam seine rassistische Politik jene Form legaler, bürokratischer „Behandlung", die zum Holocaust führte. Die SA-Rabauken, die die zweite Revolution wollten, in der Industrie, in der staatlichen Bürokratie und im Militärbereich, wurden gezähmt, geköpft (1934) und durch den professionellen Sicherheitsdienst und die SS ersetzt. Die Pogrome stießen auf Widerwillen und Abscheu bei großen Teilen der respektablen deutschen Gesellschaft. Bei zwei Themen vor allem wurde Hitler zu wichtigen Kompromissen gezwungen, Themen, die den traditionellen deutschen Machteliten über alles gingen: der Machterhalt ihrer Institutionen — staatliche Bürokratien, Wirtschaftsverbände, Reichswehr — und das Machtmonopol des Staates.[5] Die Nürnberger Rassengesetze waren die wahren Wegbereiter von Auschwitz, die Pogrome von 1938 wurden durch die bürokratisch organisierte, industrielle Massenvernichtung der Juden korrigiert.

Die gegenwärtige Welle fremdenfeindlicher Gewalttaten ruft — wie jedesmal bislang — helle moralische Entrüstung und tiefer Abscheu hervor. Jedoch ist Mißtrauen angesagt, ob diese Entrüstung sich wirklich auf die fremdenfeindlichen, rassistischen Aspekte des rechtsextremen Verhaltens bezieht, oder ob sie sich nicht vor allem und letztlich nur gegen die Gewaltförmigkeit der Tätergruppen wendet, gegen die Politik der Straße, des Pöbels, gegen Selbstjustiz und „direkte Demokratie" von unten. Das Gewaltmonopol des Staates und die uneingeschränkte Zuständigkeit der jeweiligen Behörden werden verteidigt; welche Rolle aber spielen Humanität und Legitimität? Symptom dafür, um was in der gegenwärtigen Asyldebatte gekämpft wird, ist das Hinundhergeschiebe von Asylbewerbergruppen (Hoyerswerda, Greifswald): der Staat darf nicht nachgeben, darf sich nicht erpressen lassen, die Quoten, bürokratisch festgelegt, müssen eingehalten und durchgesetzt werden — die Ängste und das Leiden der Betroffenen dürfen kein Argument sein, wenn es um die Entschlossenheit und Wehrhaftigkeit des Rechtsstaats geht.

Fremdenfeindseligkeit wird zum Skandal, wenn sie beim Bürger das Feld von Meinung und verbaler Äußerung verläßt und aggressiv, gewalttätig wird. Das ist gut so, und schlecht daran ist nur, daß die Empörung so spät kommt und nur die eine Form gewaltförmiger Diskriminierung trifft, die nämlich, die von unten kommt; daß sie sich erst dann gegen Fremdenfeindlichkeit wendet, wenn diese sich verbindet mit Gewalttätigkeit von unten.

So gilt auch für diese Empörung, was für halbe Wahrheiten immer gilt: sie ist verlogen und scheinheilig. Ihr geht es um die Macht, das Machtmonopol und um das Ansehen des Staates — und es ist zu befürchten, daß das bürgerliche Interesse, das jetzt noch den Schutz der Asylbewerber vor den Rabauken organisiert, unter anderen Bedingungen Asylbewerber schonungslos abweist und völlig legal, ohne Fremdenhaß, rein sachgemäß und der Erlaßlage entsprechend tut, was die Krakeeler schreien: Ausländer raus!

Eine kritische Sozialwissenschaft, die immer wieder gebannt auf das soziologische und sozialpsychologische Phänomen des Fremdenhasses, des Antisemitismus und des Rassismus starrt und immer wieder neu die Frage stellt, was jene Rassisten treibt, trägt objektiv mit zur Verblendung der bürgerlichen Gesellschaft bei. So notwendig es ist, die sozialen, gesellschaftlichen Wurzeln des Fremdenhasses aufzudecken und eine radikale „Sozialpolitik" gegen Ungleichheit und Ungerechtigkeit zu fordern: die Fixierung auf die auffällige Tätergruppe, die rassistischen Rebellen, die Lumpen, verschleiert ungewollt das breite Feld alltäglicher Fremdenfeindlichkeit. So notwendig es ist, die politischen und geistigen Eliten beim Namen zu nennen, die jenen Gewalttätigen ihre argumentative Legitimation verschaffen — um sie für ihre Interessen „einzuspannen“: die Fixierung auf jene rechtskonservativen Theoretiker und rechtspopulistischen Parteien blendet zwangsläufig die große, breite Mittäterschaft all jener aus, die weder hassen noch verachten, weder zündeln noch prügeln, sondern lediglich funktionieren müssen — in den Behörden und Ämtern, in den Schulen und Betrieben, in den Gerichten und Polizeiwachen.

Rassismus und Antisemitismus, Fremdenangst und Fremdenfeindlichkeit sind keine wissenschaftlichen Geheimnisse. Es gibt kaum ein soziales Phänomen, das derart intensiv und interdisziplinär erforscht und begriffen ist.[6] Das wirkliche Geheimnis von Rassismus und Fremdenhaß ist kein wissenschaftliches, sondern ein soziales Geheimnis: hinter jeder fremdenfeindlichen Einstellung und Handlung versteckt sich ein gesellschaftlicher Skandal. Die lustvolle Empörung über die unverbesserlichen, ewiggestrigen, gewalttätigen Rassisten dient auch dem Schutz *dieses* Geheimnisses.

So wie die barbarische Gewalttätigkeit von unten die bürgerliche Empörung nach sich zieht, die nun ihrerseits nach der Gewalt des Staates ruft, so ist die fremdenfeindliche Gewalt von unten die empörte Antwort auf Gewalterfahrungen und Gewaltverhältnisse. Nicht ohne inneren Zusammenhang stehen der unzivilisierte Haß der Rassisten auf die Fremden und unsere zivilisierte Abscheu vor jener gewalttätigen Fremdenfeindlichkeit einander gegenüber — und der pädagogische Gegenteileffekt linker politischer Erziehung[7] ist nur eine Variante dieser Verstrickung. Die elitäre Ausgrenzung der „dummen Kerle“ und „faschistoiden Krakeeler“ besonders durch die kritische Intelligenz produzierte den Haß geradezu — gegen die „linken Klugscheißer“. Hier, im Kampf gegen Antisemitismus und Rassismus, setzten wir statt auf Aufklärung auf das Tabu, genauer: auf die Macht bürgerlicher Respektabilität[8]. Daß die unter Bedingungen wachsender sozialer Disparitäten brüchig wird, sollte nicht wundern.

2.

Rassismus ist „die verallgemeinerte und verabsolutierte Wertung tatsächlicher oder fiktiver Unterschiede zum Nutzen des Anklägers und zum Schaden seines Opfers, mit der seine Privilegien oder seine Aggressionen gerechtfertigt werden“, eine wohldurchdachte und empirisch begründete Bestimmung von Fremdenangst und -haß, die mit gutem Grund in die Encyclopaedia Universalis aufgenommen wurde.[9] Doch durch die Maschen dieser Definition fallen ausgerechnet alle jene anonymen feindlichen, diskriminierenden, abwertenden Verhältnisse, unter denen die Opfer in modernen Gesellschaften viel mehr zu leiden haben als unter rassistischen Menschen und Gruppen. Zwar sind für die Aufrechterhaltung dieser Verhältnisse Menschen nötig, doch diese müssen in erster Linie auf ihren Arbeitsplätzen funktionieren — und tun sie es „gut“, dann in Absehung ihrer „persönlichen“ Einstellung zu Ausländern, Juden, Armen, Alkoholikern, Wohnsitzlosen, Kinderreichen usw.

Einzelne Vermieter mögen Fremdenhaß fühlen, der Wohnungsmarkt fühlt nichts, ist aber objektiv fremdenfeindlich. Einzelne Beamte des Wohnungsamtes, einzelne Angestellte gemeinnütziger Wohnungsbaugesellschaften mögen rassistisch sein, die durch Boden- und Baupreise eingeengten Handlungsspielräume der Gesellschaften sind davon ziemlich unabhängig. Einzelne Personalchefs mögen fremdenfeindlich sein, für die Qualifikations- und Leistungsanforderungen, die den ausländischen Jugendlichen ohne Realschulabschluß und ohne Lehre ausschließen, sind sie kaum verantwortlich. Einzelne Lehrer mögen fremdenfeindliche Vorurteile haben, die schwerwiegenden Lern- und Schulstörungen können sie — auch ohne rassistisches Verhalten — ebensowenig korrigieren wie die Sozialisationsbedingungen, aus denen ihre Schüler kommen. Einzelne Polizeibeamte mögen Rassisten sein, die Verhältnisse aber, die zu Bandenkriminalität, zum großen Geschäft in der Rauschgiftszene oder zum kleinen Geschäft mit Omis Handtasche verführen, sind zwar diskriminierend und fremdenfeindlich, rassistisch kann man sie natürlich nicht nennen. Mag der Personalrat eines städtischen Amtes nun fremdenfeindlich sein oder nicht, für die diskriminierenden, Ausländer ausgrenzenden Strukturen der betrieblichen Interessenvertretung, für die sprachlichen, juristischen, ökonomischen und sonstigen kommunikativen

Kompetenzen, die da gefordert werden und zwangsläufig die Partizipationschancen ausländischer Beschäftigter einengen, ist er als Individuum kaum verantwortlich.

Wohl gemerkt, wo es um Schuld und Verantwortung geht, ist kein Rassist entschuldigt mit dem Hinweis auf machtvolle Verhältnisse.[10] Aber: fremdenfeindliche, rassistische Diskriminierung ist unter Bedingungen moderner bürokratischer Industriegesellschaften immer weniger zu fassen durch die „Erfassung“ subjektiver Einstellungen von Individuen. Nicht der Rassist ist das erste Problem des Rassismus, sondern die Art und Weise, wie gesellschaftliche Organisationen und Institutionen die Probleme von sozialer Ungleichheit und Marginalisierung, von Anomie und Armut bearbeiten.[11]

Fremdenfeindlichkeit ist ein sekundäres, abgeleitetes soziales Phänomen — und zwar in zweifacher Hinsicht. Zum einen galt wohl immer schon in gewissem Maß, daß der Rassist die rassistische Unterdrückung nicht generiert, sondern *nur* legitimiert und damit natürlich seinen Beitrag zur Unterdrückung leistet; zum anderen aber gilt heute und in zunehmendem Maße, daß rassistische Unterdrückung in modernen Gesellschaften der Rassisten und der rassistischen Legitimation kaum noch bedarf. Der Rassismus gegen die Schwarzen in den USA konnte tiefgreifend abgebaut werden — bei fortbestehender rassistischer Segregation und Diskriminierung.

3.

Die gegenwärtige Welle von Gewalttätigkeit in der Bundesrepublik hat angesichts der Effizienz objektiver Fremdenfeindlichkeit den Charakter einer anachronistischen Rebellion, getragen von Diskriminierten und von Diskriminierung Bedrohten. Sie ist rassistisch nach unten, sie ist rebellisch gegen oben. Sie ist antidemokratisch und antimodern, wo sie sich gegen die ungerechte Verteilung von Demokratie- und Modernisierungskosten und -risiken wendet, und sie ist anachronistisch, weil sie das in Formen (Gewalttätigkeit) und mit Zielen (soziale Homogenität, Gemeinschaft) tut, die heute „unmöglich“ sind.

Der schon seit längerem sichtbare Schub jugendlicher Gewalttätigkeit, insbesondere in den deutschen Großstädten, scheint unter dem Druck der aktuellen Welle ausländerfeindlicher Aggressionen sich ethnisch zu polarisieren. Diese rassistische Spaltung der jugendlichen Rebellion verweist auf divergierende Unrechtserfahrungen, trägt aber auch deutlich die Züge einer von oben manipulierten Fraktionierung.[12]

Es werden in der sozialwissenschaftlichen Debatte[13] vier Dimensionen der Erklärung von Jugendgewalt angeboten, die sich alle auf gesellschaftlichen und städtischen Wandel beziehen:

Die *soziale* Erklärung verweist auf Armut, Wohnungsnot, Arbeitslosigkeit, berufliche Perspektivlosigkeit und deutet jugendliche Gewalt als Antwort auf die klassische und/oder neue „soziale Frage" in den Städten. Sie legt die Annahme nahe, daß neue Formen städtischer Armut möglicherweise neue Formen jugendlicher Gewalt generieren.

Die *sozialräumliche* Erklärung verweist auf Polarisierungs-, Marginalisierungs- und Konzentrations- wie Verdrängungsprozesse im Zusammenhang mit den disparaten Entwicklungen der modernen Stadt als Lebens- und Wohnstadt, als Zentrum einer Region und als World City und deutet Jugendgewalt als Antwort auf die destruktive Reorganisation städtischer Räume.

Die *multikulturelle* Erklärung betont die spezifischen Problemlagen städtischer Jugendlicher aus Ausländerfamilien der 2. und 3. Generation und begreift jugendliche Gewalt in dieser Teilgruppe als rebellische Antwort, die sich gegen die überangepaßten Väter ebenso wendet wie gegen die diskriminierende deutsche Stadtgesellschaft.

Die *entwicklungspsychologische* und *-soziologische* Deutung verweist auf die rasant gestiegenen Schwierigkeiten jugendlicher Identitätsfindung unter Bedingungen sozialer Umbrüche, drohender Verarmung, Erosion normativer und kultureller Orientierungen, kurz: auf das häßliche Gesicht des Individualisierungsschubs und begreift jugendliche Gewalt in Gruppen als Versuch, Männlichkeit, Körperlichkeit und Gemeinschaft zu retten.

Der Hinweis darauf, daß jugendliche Gewalt kein neues soziales Phänomen ist, ist angesichts der Vergeßlichkeit und der Konjunkturabhängigkeit sowohl der öffentlichen Debatte wie der sozialpolitischen Problembearbeitung notwendig. Nur eine sorgfältige Erinnerung an die „Wellen" von Jugendgewalt und Gewaltdebatte in den Städten (z. B. in den fünfziger und siebziger Jahren) macht die Identifizierung neuer Muster und Quellen möglich.

Wie immer, wenn soziale Krisen zum Medienspektakel werden, ist höchstes Mißtrauen angesagt. Jugendgewalt ist sicher auch ein Medienereignis, und zwar in mehrfacher Weise:

Medien wählen aus, deuten, werten und können sehr wohl ganze Jugendkulturen *erfinden*; sie prägen als soziale Infrastruktur Fremd- und Selbstwahrnehmung der Objekte ihrer Berichterstattung und können besonders leicht bei Jugendlichen soziale Realität schaffen, verstärken, steuern. Medien konzentrieren sich auf bestimmte Aspekte und blenden — gewollt oder ungewollt — andere, möglicherweise gewichtigere aus. In gewisser Weise ist das Thema Jugendgewalt ebenso wie das der Asylanten auch ein Scheinproblem.

Gegenwärtig treten in deutschen Großstädten zwei Typen gewalttätiger, meist männlicher Jugendgangs dominant in Erscheinung[14], und beide Typen haben Bezüge zur Rassismusproblematik: ethnisch homogene deutsche Jugendgangs auf der einen Seite und ethnisch gemischte oder homogene ausländische Jugendcliquen auf der anderen. Es gibt Hinweise, daß zumindest in Westdeutschland und Westberlin die städtischen, multinational zusammengesetzten Streetgangs in der Mitte der achtziger Jahre relativ unabhängig von irgendwelchen rechtsradikalen Jugendcliquen entstanden. Und auch der Zusammenschluß deutscher, fremdenfeindlicher Jugendgruppen ist nicht hinreichend als Reaktion auf bestehende multinationale Cliquen zu verstehen. Die Entstehung gewalttätiger Jugendgangs ist wohl auf beiden Seiten durch die rassistische Polarisierung nicht erklärbar; gleichwohl sind es unterschiedliche Diskriminierungserfahrungen, die diese Polarisierung möglich machen. Der aggressive Fremdenhaß deutscher Jugendgangs folgt offensichtlich dem traditionellen Muster des „Rassismus des Verarmten“[15]: Der „Ausländer“ gibt dem eigenen Unglück einen Namen, ein Gesicht und erlaubt die Illusion, es dadurch beherrschen, austreiben zu können. Die Abwertung des „anderen“ verdeckt die eigenen Diskriminierungserfahrungen und legitimiert Aggressivität. Die Gewalttätigkeit multinationaler Jugendgruppen dagegen ist immer auch eine Antwort auf fremdenfeindliche Diskriminierung. Dies ist der qualitative Unterschied zwischen dem Rassismus des Verarmten, der sich sein Opfer bei denen sucht, die noch schlechter dran sind (Flüchtlinge, Asylbewerber, Ausländer), und einem Rassismus der Armen als Reaktionsbildung auf fremdenfeindliche Diskriminierung durch die Mehrheitsgesellschaft.

Was sich gegenwärtig in den multinationalen oder auch homogenausländischen Jugendgangs in Frankfurt a.M. abspielt, ist also auch eine Gegenreaktion auf die ausländerfeindlichen Lebensbedingungen Frankfurter Jugendlicher. „Sie sind Ausländer, und dessen sind sie sich jede Sekunde bewußt" — das ist richtig, und daß es vorläufig dabei bleibt, dafür sorgt das soziale Umfeld. Richtig aber ist auch, daß diese Jugendlichen in erster Linie Frankfurter sind, daß diese „Kids" im Ausland nicht mehr ihre Heimat sehen können und wollen. „Die Türken- und Marok-Kids, die Eriträer und Jugo-Jungs" übernehmen die Definitionen der „anderen", nennen sich stolz „die Kanaken", „la Razza", die „Ausländer", „Zigeuner", „Unterschichtler" [16]. Daß sie in Frankfurt das Bild von gewalttätiger Jugend inzwischen prägen (und nicht die Skins und Autonomen wie in Berlin, die Hooligans wie in Leipzig, die Rocker wie in Hamburg und die militanten Rechtsradikalen wie in Halle), ist wenig verwunderlich. Über 40 % aller Frankfurter Jugendlichen zwischen 10 und 15 Jahren besitzen keinen deutschen Paß, in manchen Stadtteilen haben sie die deutliche Mehrheit unter den Jugendlichen. Etwa 10 % der Schulpflichtigen besuchen nicht die Schule, 65 % der Hauptschüler sind ausländischer Herkunft. In den letzten drei Jahrzehnten fand in Frankfurt „eine ethnische Unterschichtung der Gesellschaft statt" [17]. Frankfurts Unterschicht-Jugend ist mehrheitlich ausländischer Herkunft, sie stellt mittlerweile 80 bis 90 % der „Klienten" der offenen Jugendarbeit.

Zwar definieren sich die in Frankfurt seit Mitte der achtziger Jahre auftauchenden multinationalen Jugendgangs ethnisch, doch dieses häufig aggressive Aufgreifen der ihnen entgegengebrachten Feindseligkeit hat per se nicht „rassistischen" Charakter. Sehr wohl aber ist ein Zirkel gegenseitiger „rassistischer" Zuschreibungen und Festlegungen denkbar innerhalb der Jugendszene — der durch die Medien möglicherweise in Gang gesetzt oder verstärkt wird. Bei ausländischen Jugendlichen kann sich die Rebellion gegen die überangepaßten, ebenso hilflosen wie autoritären Väter mit dem Haß auf die eigene und zugleich fremde ausländerfeindliche Gesellschaft zur aggressiven ethnischen Selbstdefinition verbinden. Wie umgekehrt der selbstbewußte, machtvolle und medienwirksame Auftritt multinationaler Streetgangs bei den deutschen Jugendlichen der gleichen sozialen Lage den Zusammenschluß zu sogenannten rechtsextremen Cliquen provozieren kann, die sich ihrerseits „deutsch", „rassistisch" definieren, und so an der Schraube von Gewalttätigkeit, Aufrüstung und Gangbildung weiterdrehen.[18]

Doch die sich da möglicherweise zunehmend rassistisch gegenseitig festlegen, abgrenzen und bekämpfen, haben vor allem eines gemeinsam, die soziale Marginalisierung.

Bei den ausländischen jugendlichen Frankfurtern kumulieren „Schuldefizite“ und herabgesetzte Chancen der Berufswahl; bei „beschränktem Zugang sowohl zur eigenen Kulturtradition als auch zu der Kulturlandschaft hier“ stehen diese Jugendlichen unter besonders starkem „gesellschaftlichem Druck (seitens der Familie, der Ämter, der Medien, der Mehrheitsbevölkerung usw.) zur Identitätsentscheidung im Sinne der einen oder anderen nationalen Zugehörigkeit“; Individualisierung und Pluralisierung von Lebensentwürfen stellen solche Jugendlichen vor unlösbare Probleme, die Herkunftsfamilien sind verunsichert, überfordert, und die Erziehungsstile sind so „unpassend“ wie die Wohnverhältnisse. Es kann durchaus zutreffen, daß die Jugendlichen der 2. und 3. Ausländergeneration „unter bestimmten Bedingungen den ‘Gefühlsstau‘ der Väter abreagieren und die erfahrene Gewalt als unbewußten Racheakt für sich und ihre Eltern nach außen richten“ [19]. Doch vieles spricht dafür, daß die ausländischen Jugendlichen wichtige Erfahrungen sozialer Diskriminierung mit ihren feindseligen Altersgenossen auf der deutschen Seite teilen.

Beide gewalttätigen Seiten, Rassisten wie Antirassisten, haben hohe Affinitäten zu sexistischen Übergriffen und verfügen häufig über autoritäre, aggressiv-männliche und körperbetonte Binnenstrukturen. Komplementär zur Aggression gegen den „anderen“ ist das hohe Maß an Selbstdestruktivität in diesen Gruppen. Gleichwohl muß die Frage, ob die Grenzlinien zwischen Opfern und Tätern, Rassisten und Antirassisten nicht doch etwas klarer zu ziehen sind, zur Zeit offen bleiben.

Ein in den internen Debatten der Jugendcliquen wichtiges Thema ist anscheinend die Entgrenzung von Gewalt bei der „neuen“ Generation von Jugendlichen, die Erosion averbaler, aber relativ stabiler Gewaltschranken, die Eskalation der Waffen und Risiken und der fließende Übergang von kontrollierter zu eskalierender Gewalttätigkeit. Möglicherweise besteht hier ein Zusammenhang mit der zunehmend rassistischen Konfliktdefinition bei den Jugendlichen. Der *faire* Kampf weicht dem Haß, der auf die Vernichtung des Fremden zielt.

Diese Eskalation und Entgrenzung könnten eine doppelte Ursache haben. Das zunehmende gesellschaftliche Verbot jeder körperlichen Gewalttätigkeit im öffentlichen Raum nach dem Grundsatz: „es gibt keinen rechtsfreien Raum“ verhindert eine mögliche Kultivierung körperlicher Konfliktaustragung; *und* die kulturell sehr spezifischen Muster der Symbolisierung von Gewalthandeln, der Aggressionshemmung usw. arbeiten sich unter multikulturellen Bedingungen gegenseitig rasch ab, wobei die Erosion relativer kultureller Homogenität gerade im traditionellen Bereich jugendlicher Gruppengewalttätigkeit durch die Zerstörung lokaler Lebenszusammenhänge von Jugendlichen durch rasche Umstrukturierung von Stadtteilen zusätzlich beschleunigt werden könnte.

Beide Seiten jugendlicher Gewalttätigkeit haben *ihre* Lobby — mit der sie nicht verwechselt werden wollen. Und es steht zu befürchten, daß diese Lobbies an der Polarisierung und Diskriminierung gewollt oder ungewollt weiterstricken:

Es gibt einen ebenso leidenschaftlichen wie unreflektierten Antirassismus, insbesondere in der linken Szene, von den Autonomen bis zu Sozialarbeitern und Pädagogen, der mitverantwortlich ist für die böse, gekränkte Feindseligkeit rechtsextremer Jugendlicher gegen alles, was links, intellektuell und akademisch ist. Unter dem Motto: Keine Toleranz gegen die Feinde der Toleranz, keine Demokratie für die Feinde der Demokratie, wird da erbarmungs- und verständnislos der antifaschistische Kampf nachgeholt, nicht selten mit Hilfe von Diffamierungen und Ausgrenzungen des rassistischen Feindes. Die gesamte Literatur über jugendlichen Rechtsradikalismus ist voller Belege für diese Feindproduktion.

4.

Die professionellen Ausländerfeinde, die rechtsradikalen Parteien und Gruppierungen sammelten hier nicht nur die Früchte des antifaschistischen Demokratieverständnisses, sondern provozierten recht zielbewußt diese Polarisierung. Beide Lobbies aber haben schwere Probleme, *ihre* Klientel einzubinden, ein Hinweis dafür, daß nicht politische Gruppierungen und Ideologien, sondern soziale Mißstände die gewalttätigen jugendlichen Antworten provozierten.

Sehr ähnliche Phänomene der aggressiven gegenseitigen „rassistischethnischen“ Ausgrenzung waren der Anlaß für ein bemerkenswertes und vorbildhaftes Experiment der politisch-pädagogischen Bearbeitung von ausländerfeindlichen Konflikten im Frankfurter Amt für Abfallwirtschaft. In einer zweijährigen intensiven Fortbildungsarbeit wurden die Zusammenhänge zwischen den alltäglichen beruflichen Diskriminierungserfahrungen, dem hohen Krankenstand und den konfliktreichen, feindseligen Arbeitsbeziehungen zwischen deutschen und ausländischen Beschäftigten der Frankfurter Müllabfuhr untersucht und bearbeitet.[20]

Zunächst schienen sich die Ausgangsannahmen eindeutiger und relevanter rassistischer Binnenstrukturen zu bestätigen. Die ausländischen Kollegen berichteten von permanenten rassistischen Übergriffen ihrer deutschen Kollegen, von ihren alltäglichen Erfahrungen feindseliger, verletzender Arbeitsbeziehungen; sie identifizierten darüber hinaus rassistische Ungleichheit der Chancen, in Konflikten gehört und respektiert zu werden, Vorarbeiter oder Bezirksführer zu werden und angemessen im Personalrat vertreten zu sein; sie wiesen schließlich auf Muster von strukturellem Rassismus hin, verankert in arbeitsorganisatorischen und Arbeitszeitregelungen (Springerregelung, Toureneinteilung, Urlaubsregelung). Und auch die deutschen Kollegen schienen auf den ersten Blick die permanente und umfassende Präsenz rassistischer Beziehungen zwischen Deutschen und Ausländern zu bestätigen, zumindest waren sie durchaus in der Lage, sich virtuos im Feld rassistischer Sprüche und Meinungen zu bewegen; die von den Mitarbeitern der Volkshochschule angeregten Versuche des Perspektivwechsels dagegen waren kaum erfolgreich.

Doch schon recht bald wurde dieses einfache Muster vom Täter und seinem Opfer, vom Rassisten und seinem Geschöpf, in Frage gestellt, zunächst eher durch Ergänzungen.

So wurde sehr deutlich von seiten der deutschen Kollegen die These aufgestellt, daß es Rassismus schon immer in der Müllabfuhr gegeben habe, nur ohne die aggressiven Konflikte. Die seien darauf zurückzuführen, daß die jungen ausländischen Kollegen — anders als ihre Väter — sich nichts mehr gefallen lassen, ihre Rechte kennen und einklagen, zusammenhalten, aggressiv sind und fordernd, kurz: nicht länger bereit sind, die von den deutschen Kollegen ihnen zugewiesene unterste Ebene der Hierarchie widerstandslos zu besetzen.

Irritierend war zum zweiten, daß die ausländischen Kollegen in unseren Seminaren relativ offensiv und aggressiv den Rassismus und Faschismus der Deutschen anklagten. Zumindest auf der verbalen Ebene der Konflikte schien so etwas wie Waffengleichheit zu herrschen — die einen schimpften „Ali“ oder „Kanake“, die anderen schimpften zurück „Rassist“, „Faschist“; und beide Seiten waren gekränkt.

Aber auch im nichtverbalen Verhalten, beim Fehlen, Krankfeiern, Pausenmachen, Zuspätkommen, bei Arbeitsverweigerung und Bummelei, schienen die Linien zwischen Tätern und Opfern nicht so klar zu sein und verfügten die ausländischen Kollegen über ein erstaunliches Maß an Selbstbewußtsein und Stärke.

Irritierend war weiter die feste Entschlossenheit der deutschen Kollegen und Vorgesetzten, den rassistischen Charakter von Arbeitskonflikten zu leugnen, verbunden mit einer erstaunlichen Flexibilität im Umgang mit ihren ausländerfeindlichen Vorurteilen. Ohne allzu große pädagogische Mühe waren die deutschen Kollegen bereit zu konstatieren, daß in ihrem Betrieb das „Ausländerproblem“ sich auf einige wenige sehr schwierige, unkollegiale Ausländer reduziert, daß es genausoviel „schlechte“ Kollegen bei den Deutschen gibt, und daß die meisten deutschen mit den meisten ausländischen Kollegen gut auskommen.

Schließlich wurde im Verlauf der Arbeit unübersehbar, daß ein großer Teil der Konflikte zwischen Deutschen und Ausländern reale Konflikte waren, bedingt durch wirkliche Unterschiede und durch sehr handfeste Probleme: verbale und andere Mißverständnisse, abweichendes Autoritätsverhalten, verschiedene Formen des Sexismus und Chauvinismus, unterschiedliche Interessenlagen und Lebensstile usw., daß also „rassistische“ Deutungen auf beiden Seiten oft recht realen Erfahrungen entsprachen. Die Befunde waren zunächst also recht widersprüchlich. Einerseits erlebten die ausländischen Kollegen sich als permanente Opfer „rassistischer“ Diskriminierung und neigten dazu, alle Kränkungen, Konflikte und Zumutungen im Arbeitsprozeß so zu interpretieren; und dem entsprach bei den deutschen Kollegen die wütend-gekränkte Zurückweisung dieser Deutung, verbunden mit allen möglichen ausländerfeindlichen Vorurteilen, wobei beide Seiten ganz abstrakt „die anderen“ meinten. Andererseits aber konnten beide Seiten sich auch relativ leicht darauf einigen, daß die konkreten Konflikte in den eigenen Teams in der Regel normal und üblich seien, zurückzuführen auf Streß, ungerechtes oder inkompetentes Vorgesetztenverhalten — oder auf arbeitsorganisatorische oder leistungspolitische Mängel der Amtsleitung. Wie immer auch das „antidemokratische“ und „fremdenfeindliche“ Potential bei den deutschen Arbeitern einzuschätzen ist, der Arbeitssituation im weitesten Sinn kommt ganz offentsichtlich eine höchst ambivalente Funktion zu.

Zahlreiche Faktoren der Arbeitssituation — allgemeine Diskriminierung der Arbeit, autoritäre hierarchische Strukturen, Mißmanagement, Personalunterbesetzung, Deregulierung der Arbeitsleistung, extreme Streßphasen, geringe Standardisierung der Arbeitsabläufe, breite Eingriffsmöglichkeiten der Vorgesetzten in die Arbeitsbelastungen — sind ein geradezu optimaler Nährboden für die Entwicklung oder Aktualisierung fremdenfeindlicher Einstellungs- und Handlungsmuster bei den deutschen Kollegen.

Die alltägliche Notwendigkeit aber, unter relativ autonomen, schwer von oben kontrollierbaren Arbeitsbedingungen in engster Kooperation mit dem fremden (deutschen oder ausländischen) Kollegen zu arbeiten; das Interesse, die vorhandenen Spielräume — Pausen, schnelle Beendigung der Arbeit, freie, situationsgemäße Arbeitseinteilung usw. — zu nutzen, d.h. auch verläßliche, kollegiale Arbeitsbeziehungen im Team aufzubauen, sind ein permanentes Gegengewicht gegen die Stabilisierung ausländerfeindlicher Einstellungen.

Die weitere Fortbildungsarbeit fügte diesem Bild von Fremdenfeindlichkeit in der Wertstoffabfuhr noch einige Facetten hinzu und erlaubte eine vorläufige Deutung im Kontext der aktuellen Rassismusdebatte. Im thematischen Zentrum der Seminararbeit stand die Bearbeitung betrieblicher Konfliktfelder — Springerregelung, Urlaubsplan, Leistungspolitik, betriebliche Hierarchie und Interessenvertretung. Dahinter stand die Vorentscheidung des VHS-Teams, das Rassismusthema auf jene rassistischen Muster einzugrenzen, die in konkreten betrieblichen Konflikten jeweils entweder als Konfliktursache oder als Konfliktdeutung aktiviert werden. Überraschend war zum einen, daß der generelle Rassismusvorwurf gegen die Deutschen sich als eine Variante rassistischen Verhaltens darstellte, durchaus vergleichbar den Vorwürfen der deutschen Beschäftigten gegen ihre ausländischen Kollegen, wobei auf beiden Seiten galt: der Fremde im bekannten Nahbereich ist immer die Ausnahme. Überraschend war zum anderen, wie leicht beide Seiten bereit waren, ihre verallgemeinernden und verabsolutierenden Wertungen zurückzunehmen und sich wieder auf identifizierbare Verschiedenheiten zu beziehen.[21] Es scheint, daß es in der Wertstoffsammlung bei keiner der Teilgruppen eine halbwegs stabile „Interessenbasis“ für Rassismus im Arbeitsprozeß gab „zum Nutzen des Anklägers und zum Schaden seines Opfers, mit der seine Privilegien oder seine Aggressionen gerechtfertigt werden sollen“.[22] Und offensichtlich waren die Kosten rassistischer Konflikte bei allen — wenn auch asymmetrisch verteilt — zu hoch oder die Prämien für rassistische Ausgrenzungen — auch hier ungleich hoch — nicht hinreichend verführerisch: Weder bei den unmittelbaren Vorgesetzten, wo es um Macht, Gehorsam und komplizenhafte Bündnisse gehen könnte; noch bei den deutschen Müllarbeitern, wo Vorteile bei Aufstiegschanchen, bei der Toureneinteilung, bei der Urlaubsregelung, beim Schnippelgeld u.a.m. auf dem Spiel standen; noch bei den Opfern, wo die Legitimation aggressiver Selbstausgrenzung, unsolidarischen Verhaltens gegenüber den „anderen“, von Regelverletzungen, zumindest aber von permanentem Selbstmitleid der Lohn sein könnte.

Es ist natürlich nicht auszuschließen, daß die Fortbildungsarbeit bei den deutschen Müllarbeitern *nur* bewirkte, daß der übliche „Ausnahme-Ausländer“, den jeder Rassist kennt, auf die gesamte ausländische Kollegenschaft der Abteilung ausgedehnt wurde, der allgemeine Rassismus gegen „Fremde“ aber davon unberührt blieb.

5.

Angesichts des aktuellen Schubs von Fremdenangst und Fremdenhaß im vereinten Deutschland ist es notwendig, auf jene andere, unscheinbarere Gestalt alltäglicher Fremdenfeindlichkeit aufmerksam zu machen, die allzu leicht übersehen wird, weil sie sich der anonymen Mechanismen und Funktionsweisen von Ämtern, Bürokratien, Großorganisationen oder von Märkten bedient, die aber ungleich wirkungsvoller die soziale Diskriminierung und Marginalisierung betreibt. Trotz der gegenwärtigen Welle gewalttätigen Fremdenhasses ist auch für das vereinte Deutschland anzunehmen:

1. Für die soziale Situation der Ausländer sind die vielfältigen sozialen Mechanismen der diskriminierenden und marginalisierenden Integration die entscheidenden Faktoren. Die ethnische Unterschichtung der deutschen Gesellschaft durch den Import ausländischer Arbeitskräfte und die damit entstandenen „objektiv gesetzten" ökonomischen, sozialen, politischen und partizipatorischen Benachteiligungen waren und sind die entscheidenden Variablen der Diskriminierung. Wie im Bereich der Gewalttätigkeit in unserer Gesellschaft gilt auch hier: nicht die subjektiv durch Haß und Angst entstandene Feindseligkeit gegen Ausländer, sondern die durch objektive soziale Strukturen und Mechanismen vermittelte Feindlichkeit der Verhältnisse ist das dominante Charakteristikum von Rassismus in unserer Gesellschaft. Nur fehlt dieser objektiven Fremdenfeindlichkeit das zentrale Merkmal von Rassismus: „die verallgemeinerte und verabsolutierte Wertung tatsächlicher oder fiktiver Unterschiede" mit dem Ziel, Herrschaft und Unterdrückung und soziale Ungleichheit zu legitimieren. Offenkundig kommt bislang die Diskriminierung der Ausländer von oben ohne den Rassismus als „eine der besten Rechtfertigungen, eines der besten Symbole der Unterdrückung" [23] aus.

2. Der Rassismus von unten ist — damit verglichen — so hilflos wie lautstark; er bleibt auf der Ebene von subjektivem Meinen und Handeln. Ein Anachronismus — gemessen an der Macht gesellschaftlicher Institutionen und Organisationen —, spiegelt der Rassismus von unten die objektive Situation des Opfers wider — und zwar zweifach:

Der Rassismus des Verarmten, Bedrohten, Marginalisierten, der sich gegen jene wendet, die noch ärmer dran sind, ist der Rassismus der Pogrome, der von Hoyerswerda. Er ist das häßliche Spiegelbild, das die Zukurzgekommenen ihren Herren vorhalten mit der untertänig-rebellischen Aufforderung zur Komplizenschaft.

Der Rassismus der Armen jedoch, der sich gegen die Reichen, die Herren wendet, ist „in der Regel ein Rassismus, dem man die Zähne gezogen hat" [24] und der sich — außerhalb revolutionärer Situationen — auf die Ebene der Meinung beschränkt; auch deshalb fällt er weniger ins Auge und findet verständnisvoll mitfühlende Sympathien.

Anmerkungen

1 Dieser Diskussionsbeitrag ist ein Kommentar zur aktuellen Welle fremdenfeindlicher Gewalt im vereinigten Deutschland, der sich auf Erfahrungen bezieht, die im Zusammenhang eines Forschungsprojektes des Instituts für Sozialforschung über Stadtmodernisierung und soziale Ungleichheit in Frankfurt gemacht wurden. Auf zwei Themen und Untersuchungsbereiche wird insbesondere Bezug genommen: auf Konflikte und Probleme zwischen deutschen und ausländischen Beschäftigten der Stadt, die in beispielhafter Weise seit zwei Jahren in Zusammenarbeit zwischen dem Amt für Abfallwirtschaft und dem Amt für Volksbildung bearbeitet werden, *und* auf die ebenfalls seit längerem in Frankfurt intensiv geführte Debatte zum Thema: Jugend — Gewalt — öffentliche Sicherheit.

2 Robert Wistrich, Der antisemitische Wahn, München 1987, spricht vom „Radauantisemitismus" der NS-Extremisten, der den Konservativen in Deutschland mit ihrem „respektablen" Antisemitismus ein Dorn im Auge war (S. 142).

3 Theo Sommer, Das Schandmal des Fremdenhasses, Die Zeit, 11. Okt. 1991.

4 „Aus der Boykottaktion vom 1. April 1933, die letztlich ein Schlag ins Wasser gewesen war, hatte Hitler gelernt, daß ein Frontalangriff dieser Art gegen die Juden mehr Schaden als Nutzen stiftete... Er zog daraus die Lehre, daß er in Zukunft Schritt für Schritt vorgehen, mit gesetzlichen Bestimmungen arbeiten und zugleich die wirtschaftliche Lebensfähigkeit Deutschlands im Auge behalten mußte... (und daß er) ... Rücksicht auf einflußreiche Institutionen wie die Wehrmacht, die Kirchen, das Beamtentum und die Wirtschaftsverbände nehmen mußte" (R. Wistrich, a.a.O. S.141 - 145).

5 „Von Hitler erwarteten die Konservativen, daß er den Radikalen unter seinen Anhängern Zügel anlege, daß er dafür sorge, daß auch die Nationalsozialisten die Spielregeln von Gesetz, Ordnung und bürgerlicher Moral einhielten und daß in den Staatsapparat wieder preußische Disziplin und Effizienz einkehrten." (R. Wistrich, a.a.O. S. 142; vgl. dazu: Heinz Höhne, Die Machtergreifung, Reinbek bei Hamburg 1983, und Mordsache Röhm, Reinbek bei Hamburg 1984.

6 Vor allem zwei Fragenkomplexe sichern die Aktualität sozialwissenschaftlicher Erforschung des Rassismus: die Frage nach den jeweiligen spezifischen sozialen, politischen und ökonomischen Rahmenbedingungen, unter denen er „aktualisiert" wird, und die bislang ungelöste Frage nach den jeweiligen Voraussetzungen dafür, daß fremdenfeindliche Meinungen und Einstellungen in individuelles oder kollektives Handeln umschlagen.

7 Zum „pädagogischen Gegenteileffekt": Theodor W. Adorno, Tabus über dem Lehrerberuf, in: Stichworte, Frankfurt am Main 1969, S.73 f.; E. von Braunmühl, Antipädagogik, Weinheim 1975, S. 173 - 195; Th. von Freyberg, Ausspioniert und angeschmiert, Lahn-Gießen 1978, S. 131f., 170 ff. Siehe dazu die aktuelle Diskussion um die „ungewollten" Folgen der politischen Pädagogik in den antifaschistischen Gedenkstätten.

8 Siehe hierzu G.L. Mosse, Nationalismus und Sexualität (Reinbek bei Hamburg 1987), der sehr überzeugend die Rolle, die Nationalismus und bürgerliche Respektabilität beim Aufkommen des Faschismus gespielt haben, herausgearbeitet hat.

9 Albert Memmi, Rassismus, Frankfurt am Main 1987, S. 151 - 163.

10 Siehe hierzu: Hannah Arendt, Eichmann in Jerusalem, Frankfurt am Main 1987; Günther Anders, Die Antiquiertheit des Menschen, Bd. 1, München 1987, S. 235-294; Wir Eichmannsöhne, München 1964.

11 Hier soll nicht die „objektive" Fremdenfeindlichkeit gesellschaftlicher Verhältnisse gegen den „subjektiven" Fremdenhaß der Individuen ausgespielt werden. So wenig, wie die Undurchsichtigkeit und Zwangsläufigkeit „objektiver" Verhältnisse die individuelle Verantwortlichkeit suspendiert, so wenig bleiben die Individuen „unberührt" von den fremdenfeindlichen Verhältnissen, unter denen sie arbeiten, z.B. in den Wohnungs-, Arbeits-, Sozialämtern, in den Personal- und Betriebsräten, in Polizeiwachen und Jugendgerichten.

12 An dieser Stelle ist insbesondere dem Kollegen Alp Otman vom Frankfurter Amt für Multikulturelle Angelegenheiten für seine Kritik, seine Anregungen und Korrekturen zu danken und noch einmal den Charakter dieser „Anmerkungen" als Diskussionsbeitrag betonen.

13 Die wohl beste Einführung ins Thema: W. Heitmeyer/ K. Möller/ H. Sünker (Hg.), Jugend — Gewalt — Staat, Weinsheim und München 1989.

14 Auch hier gibt es eine „unauffällige" schweigende Mehrheit mit wenig Attraktivität als Medienereignis: jene zahllosen Jugendlichen, die die Erfahrung gesellschaftlicher Gewalt selbstdestruktiv „beantworten", mit Depressionen, Suchtstrukturen und Selbstmord nach innen gerichteter Gewalttätigkeit.

15 A. Memmi, a.a.O. S. 110, spricht hier von der „Pyramide der kleinen Tyrannen". So wichtig und richtig es ist, beim „Rassismus des Verarmten" (Memmi, a.a.O. S. 110 ff.) zu unterscheiden zwischen dem Rassismus „nach unten" und rassistischen Gegenreaktionen bei den Opfern der Fremdenfeindlichkeit, muß man wohl zugeben, daß unter den aktuellen Bedingungen in Deutschland dieser Unterschied aus der jeweiligen Perspektive der „Verarmten" so klar nicht ist. Der gewalttätige Rassist mag Hoffnung schöpfen aufgrund der passiven Zustimmung, die er neuerdings erfährt, die herrschende öffentliche Meinung aber steht gegen ihn (und scheut keine Diffamierung). Der aggressive, gewalttätige „Antirassist" sieht sich zu Recht durch eine Mehrheitsgesellschaft diskriminiert, im Konflikt zwischen dem Ausländer und seinem Verfolger aber steht die öffentliche Meinung (noch) deutlich auf seiten des Antirassismus.

16 Journal Frankfurt 3/90, S. 31 f.; Frankfurter Rundschau 28.10.91: „Junge Ausländer fühlen sich längst als Frankfurter"; hessische jugend 2/1991: „Aggressivität, Gewalt, Kleinkriminalität".

17 Alp Otman (1991), Referat vom 26.6.91 auf dem Koordinationstreffen des Dezernats IX und des Amtes für Multikulturelle Angelegenheiten der Stadt Frankfurt a.M. über „Gewalt von Jugendlichen" zum Thema: „Multikulturelle Jugendarbeit als Normalfall", Teil II, S. 8 f.

18 Wie immer bei derartigen zirkulären Prozessen, sind sie einmal in Gang, ist es ziemlich belanglos, wie sie anfingen und wer anfing.

19 Alp Otman, a.a.O. S. 11.

20 Diese „Fortbildung" wurde vom Amt für Abfallwirtschaft in Auftrag gegeben, vom Amt für Volksbildung mit Mitarbeitern der Volkshochschule durchgeführt und war zunächst auf die Abteilung „Wertstoffabfuhr" begrenzt. Die guten Er-

fahrungen mit dieser Arbeit, die im Frühjahr 1990 begann, führten zum Beschluß, sie ab 1992 auf das gesamte Amt — Müllabfuhr und Straßenreinigung — auszudehnen. Mittlerweile liegen zwei ausführliche Zwischenberichte vor: (1) Amt für Volksbildung/Volkshochschule, Abschlußbericht der 1. Phase der Fortbildung für die Bediensteten der Abteilung Wertstoffabfuhr des Amtes für Abfallwirtschaft, Frankfurt 4.7.90.

(2) Amt für Volksbildung/Volkshochschule: Zwischenbericht der 2. Phase der Fortbildung für die Bediensteten der Abteilung Wertstoffabfuhr des Amtes für Abfallwirtschaft, Frankfurt 23.8.91.

21 Es sei noch einmal betont, daß hier sowenig wie bei den gewalttätigen Jugendgruppen die gewichtigen Unterschiede zwischen dem Rassismus der Deutschen gegen „die Ausländer" und dem Rassismus der Ausländer gegen „die Deutschen" geleugnet werden sollen. Schon die objektiv gegebenen, fremdenfeindlichen Diskriminierungen in fast allen Sektoren politischer, sozialer und kultureller Partizipation verbieten jede derartige Symmetrieannahme. Alp Otmans Vorschlag, hier auch sprachlich die qualitative Differenz deutlich zu machen, den Fremdenhaß der deutschen Mehrheitsgesellschaft „Rassismus" zu nennen, die aggressive, feindselige Reaktionsbildung der ausländischen Minderheiten gegen die Deutschen dagegen als „Ethnizismus" zu kennzeichnen, scheint weder sprachlich noch von der Sache her befriedigend; zumal unter „Ethnisierung" eben auch — und in erster Linie — Ausgrenzungsstrategien gegen „die anderen", die dadurch zum Ausländer gemacht werden, verstanden werden. Vgl. W.-D. Bukow/ R. Llaryora, Mitbürger aus der Fremde — Zur Soziogenese ethnischer Minderheiten, Opladen 1988.

22 A. Memmi, a.a.O. S. 164.

23 A. Memmi, a.a.O. S. 174.

24 A. Memmi, a.a.O. S. 113.

Günter Frankenberg

Drinnen vor der Tür

Stichworte zur Asyldebatte

Im Verzicht, meinte Goethe, liege die wahre Größe des Menschen. Seine Landsleute scheinen sich das derzeit besonders zu Herzen zu nehmen. Eben verzichteten sie darauf, sich gründlich vor Augen zu führen, was eine Vereinigung von zwei sehr ungleichen Bevölkerungsteilen den Beteiligten an Toleranz abverlangt; allenfalls über Kosten wurde geredet. Danach versagten sie sich die mühsame Verständigung darüber, in und unter welcher Verfassung sie leben wollen, und kaprizierten sich statt dessen auf die Hauptstadtfrage. Einmal auf der Problemflucht, stecken sie nun vor den Herausforderungen, die sich dem vereinigten Deutschland in einer Welt der Flucht- und Wanderungsbewegungen stellen, ihre Köpfe in den Sand. Statt dessen bewegen sie sich in den engen Laufgräben einer ebenso gefährlichen wie deplazierten Asylkontroverse.

Ganz überraschend kommt diese freilich nicht. Die jetzt schon handgreiflichen Ressentiments gegen Fremde haben Tradition. In den 50er Jahren konzentrierten sie sich auf die Zonenflüchtlinge und Vertriebenen. Deren Nachfolger waren in den 60er Jahren die „Gastarbeiter“. Daß diese zur Unterstützung des Wirtschaftswunders angeworben worden waren, konnte sie im öffentlichen Bewußtsein nur geringfügig entlasten. Etwa Mitte der 70er Jahre, als sich mit der Herkunft auch die Hautfarbe der Flüchtlinge änderte, begann die eigentliche Asyldebatte. Wie zufällig aus Anlaß von Wahlen wurde jene häßliche bürokratische Schöpfung, der „Asylant“, in die politische Arena gezerrt.

Fremde werden ausgegrenzt, abgewehrt und abgewertet. Nicht nur hier und heute. In der staatlichen Verfolgung und Liquidierung aller „Fremdvölkischen“ trieb das Naziregime die deutsche Praxis von

Fremdenfeindlichkeit auf die Spitze. Heute fällt offener Rassismus, etwa wenn die Boulevardpresse „Blutschande" wittert, vielen unangenehm auf. Offizieller Rassismus gar, wie Stoibers Hinweis auf die drohende „Durchrassung", verlangt nach Tarnung oder einem Dementi. Solche gezielten Entgleisungen, pogromartige Überfälle auf Wohnheime von Flüchtlingen, begleitet vom feigen Beifall der Anwohner, und eine grassierende klammheimliche Feindseligkeit gegenüber Ausländern verweisen auf die Bruchstellen einer pluralistischen Gesellschaft. Aus diesen tritt eine Sehnsucht nach Einheit, ein schier unersättlicher Bedarf an symbolischer Homogenität zutage, den die Abwehr der Fremden befriedigen soll. Der Pluralismus von Meinungen, Werten und Interessen scheint schwer erträglich, weil er soziale Konflikte programmiert. Und damit fortlaufend die Wunschvorstellung untergräbt, die Gesellschaft könne eines Sinnes, eine verschworene Gemeinschaft sein. Die Religion nimmt seit dem Entzauberungswerk der Aufklärung solche Schwüre nicht mehr ab. An der nationalistischen Tradition vermögen sich Einheitsgefühle zwar zu erwärmen, erreichen jedoch nicht die für Verschmelzungsphantasien notwendigen Hitzegrade. Ersatzweise setzt sich die Gesellschaft deshalb durch den Ausschluß einzelner Gruppen als Einheit, als Organismus ins Bild. Dabei ist relativ beliebig, wer als Störer der sozialen Harmonie ins Blickfeld gerät. Flüchtlinge, Aussiedler oder sonstige Immigranten, Extremisten, Chaoten oder sonstige Unruhestifter, Zigeuner, Schwule oder sonstige Undeutsche sind die jeweils erfundenen oder entdeckten anderen, die raus, nach drüben, nicht hierher gehören. Sie sind die nahezu austauschbaren Objekte, an denen sich in einer heillos modernen Welt das Unbehagen an den auf Dauer gestellten Status- und Verteilungskämpfen und die Ängste der ökonomischen Modernisierungsverlierer entladen. Deshalb brauchen viele den „Asylanten" drinnen vor der Tür, der ihnen nichts tut und ihnen, weiß Gott, wenig nimmt. Zu vielen nicht einmal das gute Gewissen.

Im Bermudadreieck des Grundgesetzes

Nach dem Flächenbrand von Hoyerswerda bis Hünxe, von Greifswald bis Freiburg schreien selbst jene Parteistrategen Zeter und Mordio, die jahrelang mit dem Feuer des Fremdenhasses spielten. Nun rufen sie, wieder einmal, zynisch oder naiv nach dem Recht. Was Politik und Politiker nicht vermochten, sollen jetzt Paragraphen bewirken. Nämlich den Umgang mit Ausländern „zivilisieren“, vor allem aber Rettung bringen vor den geschätzten fünfzehn bis zwanzig Millionen Flüchtlingen, die irgendwo in der Welt Zuflucht suchen, vor den Spätaussiedlern, die zu Hunderttausenden, wenn nicht Millionen von Osten her über die Ufer der Landesgrenzen „fluten“ könnten, vor der Reservearmee von über zwei Milliarden Wanderarmen, die in Talkshows herbeigeredet werden. Daß nur der geringste Teil aller Flüchtlinge und selbst Aussiedler den Weg bis zu uns findet, dringt gegen demagogische Zahlenspiele nicht durch. Unbeirrt bagatellisiert eine Mitte-Rechts-Koalition das Asyl- und Aussiedlerproblem von einer gewiß schwierigen Aufgabe der Gemeinden und Landkreise zu einer nationalen Frage herauf. Und in Bonn kreuzt man realitätsfern im Bermudadreieck der Artikel 16, 19 und 116 des Grundgesetzes, um keine Lösung zu finden.

Beginnen wir mit dem ersten Absatz von Artikel 116, der „Schleuse des Aussiedlerstromes“. Entgegen der im Völkerrecht üblichen Unterscheidung von Staatsangehörigen und Staatsfremden stellt das Grundgesetz hier den Inhabern deutscher Staatsbürgerschaft eine zweite Gruppe von „sonstigen Deutschen“ zur Seite. Zu diesen zählt, wer „als Flüchtling oder Vertriebener deutscher Volkszugehörigkeit oder als dessen Ehegatte oder Abkömmling in den Gebieten des Deutschen Reiches nach dem Stande vom 31.12.1937 Aufnahme gefunden hat“. Das Vertriebenengesetz zieht den Kreis der hiervon Betroffenen weiter, als es der Wortlaut von Art. 116 Abs. 1 ahnen läßt. Denn als „sonstige Deutsche“ gelten, nicht nur wer während des Zweiten Weltkriegs seinen Wohnsitz im Reichsgebiet fand und nachweist, sich seitdem „zum deutschen Volkstum bekannt“ zu haben, sondern praktisch alle im Zweiten Weltkrieg vertriebenen oder umgesiedelten Volksdeutschen. Als Rechtsfolge winkt die staatsbürgerrechtliche Gleichstellung mit den ehemals Reichs- und jetzt Bundesdeutschen. Besagter Nachweis zwingt zu deutschtümelnden Bekenntnissen, deren wesentlicher Inhalt auf einen Runderlaß des Reichsministers des Innern aus dem Jahre 1939 zurückgeht, wenngleich der verräterische Passus, daß „Personen artfremden Blutes, insbesondere Juden, niemals dtsch. Volkszugehörige sind“, nach 1945 unauffällig entsorgt wurde.

Der Artikel 116 steht allerdings nicht für sich. Durch das noch immer gültige und nur wenig veränderte Reichs- und Staatsangehörigkeitsgesetz von 1913 weht bis in unsere Zeit der Geist des Kaiserreichs. Er fordert nach wie vor die ethnische Assimilation an die „unentrinnbare Schicksalsgemeinschaft" ein, von der auch der Bonner (!) Staatsrechtler Isensee unlängst bei der Ablehnung des Wahlrechts für Ausländer schwärmte. Einsam in der westlichen Welt bindet das Gesetz den Erwerb der Staatsangehörigkeit strikt an die Abstammung von Deutschen und läßt den Erwerb kraft Geburt im Lande nicht zu. Hier, in der Gnade einer deutschstämmigen Geburt, steckt die Wurzel der Deutschtümelei.

Immerhin öffnet das Ausländergesetz von 1990, wenngleich mit großer Vorsicht, die bis dahin äußerst restriktive Einbürgerungspraxis. Ausländer — junge nach acht, ältere nach 15 Jahren rechtmäßigen Aufenthalts — haben nun grundsätzlich einen Regelanspruch auf Einbürgerung. Allerdings wird ihnen wie gehabt „die freiwillige und dauernde Hinwendung zu Deutschland" (so die Richtlinien von 1977) dadurch abverlangt, daß sie ihre Mitgliedschaft in einem anderen Gemeinwesen aufgeben müssen. Doppelte Staatsangehörigkeit, wobei jeweils eine ruhen könnte, darf es — wie Bigamie — nicht geben. Der deutsche Territorialherr duldet keinen Konkurrenten neben sich.

Wer also nur die „sonstigen Deutschen" abschaffen will, ohne zugleich ein republikanisches Staatsangehörigkeitsrecht vorzulegen, verkauft eine populistische Mogelpackung. Oskar Lafontaines Angriff auf Artikel 116 gräbt der Deutschtümelei wohl dort, nicht aber im Reichs- und Staatsangehörigkeitsgesetz das Wasser ab und bekräftigt die Mär, Deutschland sei kein Einwanderungsland. Im übrigen wird unterderhand die fatale Methode des „Judenzählens" legitimiert. Denn kein Mensch käme bei weniger als 50 000 Aussiedlern pro Jahr auf die Idee, den Artikel 116 zu ändern.

Eine Parlamentsmehrheit, die in Sachen „Volksdeutsche" über den Mut und die erforderlichen zwei Drittel verfügte, den Mythos einer Geburts- und Schicksalsgemeinschaft zu zerstören, sollte also zunächst das Recht der Staatsangehörigkeit und Einbürgerung auf das Niveau einer demokratisch verfaßten Gesellschaft heben. Die Bundesrepublik würde dadurch Anschluß gewinnen an eine längst transnationale Wirtschaft und an Nachbarn wie Frankreich oder Schweden, deren Einbürgerungspraxis keine Illusionen von ethnischer

Homogenität nährt. Danach wäre es konsequent, den Artikel 116 Abs.1 zu ändern, wobei nicht übersehen werden sollte, daß das Grundgesetz hier die Folgen von Ausweisung und Umsiedlung, von Flucht und Vertreibung regelt.

Als moralisches Gebot dürfte diese Regelung außer Frage stehen. Als Rechtspflicht ergab sie sich zwangsläufig aus der mit Blick auf die DDR behaupteten völkerrechtlichen Identität der Bundesrepublik mit dem Deutschen Reich. Warum sollte sich ein vereinigtes Deutschland dieser Pflicht nun ohne weiteres entledigen können? Sind mit der Vereinigung alle Vertreibungen abgegolten? Wohl kaum. Nach dem Ende der Zweistaatlichkeit und der teilweisen territorialen Angleichung an das Reich ließe sich schlüssiger behaupten, die in Zeiten des kalten Krieges geborene Fiktion einer Rechtsnachfolge sei nun real geworden. Die 116er-Lösung hätte also zu begründen, daß die diesbezüglichen Rechtspflichten erloschen sind. Das unzutreffende Bild vom vollen Boot trägt nicht als Argument. Ebensowenig dürfte die Europa-Karte stechen. Die Bundesrepublik wurde samt ihrer unvollendeten Vergangenheit, also einschließlich Altlasten Mitglied der EWG und nun der EG. In Brüssel wird man deshalb schwerlich sagen können, man habe die Aussiedler nicht auf der Rechnung gehabt.

Was die Deutschtümelei angeht, so hindert niemand den Gesetzgeber, den Bekenntniszwang abzuschaffen und durch unbelastete Kriterien wie Wohnsitz und Sprache zu ersetzen. Mithin bleibt nur die Möglichkeit, die Regelung der Kriegsfolgen zu befristen oder sich vom Gebietsstand des Jahres 1937 zu verabschieden. Als Ersatz stünde den hiervon Betroffenen das Angebot offen, nach Maßgabe eines entsprechenden Gesetzes einzuwandern. Ein solches Angebot entspräche ihren Motiven gewiß eher als der Zwang zu einem, notfalls in russischer Sprache abgelegten, Bekenntnis zum Deutschtum.

Entsorgung der Vergangenheit

„Überfremdungs"ängste weckt die vergleichsweise geringere Zahl der vergleichsweise fremderen politischen Flüchtlinge. Ihnen kommt keine noch so verdünnte deutsche Stammeszugehörigkeit zugute. Sie behaupten verfolgt, nicht deutsch zu sein. Da fragt sich, wie viele Anträge pro Jahr die Asylgarantie aushält? Ist bei hunderttausend das

Maß voll, dann muß die doppelte Zahl als nationaler Notstand erscheinen. Vordergründig geht es in der offiziellen Asyldebatte darum, unechte Asylsuchende abzuschrecken oder, wo das nicht gelingt, rasch und kostengünstig auszusortieren. Lagerhaltung bis zum Ende des Sortiervorgangs, kürzere Überprüfung der Anträge, Abweisung an der Grenze und eine Änderung von Art. 16 Abs. 2 Satz 2 stehen auf dem Rezeptblock derjenigen, die hinter 95 Prozent aller Asylanträge Mißbrauch wittern.

Freilich: das Grundgesetz zählt keine Anträge. „Politisch Verfolgte genießen Asylrecht", heißt es apodiktisch. Ohne Wenn und Aber. Wie also könnte der Verfolgungsschutz eingeschränkt werden, ohne das Grundrecht völlig zu entstellen? Nach dem mildesten Vorschlag soll der Asylgarantie die Klausel angehängt werden: „Das Nähere regelt ein Bundesgesetz." Eine solche „ausgestaltende Regelung" hielte sich durchaus im Rahmen des verfassungsrechtlich Üblichen. Dennoch hätte sie einen Schönheitsfehler und einen Haken. Der Schönheitsfehler: ein solches Gesetz existiert bereits auch ohne ausdrückliche Erlaubnis des Grundgesetzes. Es heißt Asylverfahrensgesetz. Der Haken: näher regeln bedeutet konkretisieren, nicht aber einschränken. Da ist das Asylverfahrensgesetz, selbst bei wohlwollender Auslegung, bis an die äußersten Grenzen gegangen.

Es legt nicht nur Formen, Fristen und Verfahren fest, sondern streicht ersatzlos den Widerspruch gegen die Ablehnung des Asylantrags und stutzt die gerichtliche Kontrolle praktisch auf eine Instanz zurecht. Kürzer geht's nimmer, wenn wenigstens der Schein von Grundrechtsschutz gewahrt bleiben soll. Das aber muß sein. Denn der vierte Absatz des Artikel 19 verspricht Tamilen wie Deutschen und Volksdeutschen: „Wird jemand durch die öffentliche Gewalt in seinen Rechten verletzt, so steht ihm der Rechtsweg offen."

In der Änderungsschneiderei von Schäuble, Seiters, Stoiber & Co. werden gleichwohl gewagtere Modelle entworfen. Geht es nach dem ehemaligen Bundesinnenminister, dann soll künftig Asylrecht nicht genießen, „wer aus einem Staat einreist, in dem er nicht der Gefahr ausgesetzt ist, politisch verfolgt oder in einen Staat abgeschoben zu werden, in dem ihm politische Verfolgung droht". „Das Nähere", man ahnt es, „regelt ein Bundesgesetz", nämlich daß Asylbewerber aus sicheren Staaten „an der Grenze zurückgewiesen" oder unverzüglich abgeschoben werden können. Das klingt neu und praktisch, ist aber beides nicht, selbst wenn außer acht bleibt, daß sich nicht einmal ein Viertel aller Flüchtlinge an der Grenze meldet. Weiland 1980/81 erstellte die sozialliberale Koalition eine solche Staatenliste und führte den Visumszwang für Länder ein, deren Staatsangehörige angeblich „in verdeckter Absicht der Arbeitsaufnahme“ die Bundesrepublik heimsuchten. Auf dieser Liste finden sich unter anderem Äthiopien, Afghanistan und Iran, die in den folgenden Jahren im Zirndorfer Bundesamt für die Anerkennung ausländischer Füchtlinge und von den Verwaltungsgerichten fast durchgängig das Prädikat „Verfolgungsland“ erhielten. Bleibt die praktische Frage, wer heute eine Positivliste vorlegen und fortschreiben wollte. Das Auswärtige Amt hält sich bedeckt. Klugerweise, seit es mit seinen windigen Auskünften etwa über verfolgte Minderheiten in der Türkei in mehr als einem Gerichtsverfahren Schiffbruch erlitten hat. Aus Brüssel verlautet, die EG-Kommission, wohl euphorisiert durch die Erfolge gemeinschaftlicher Außenpolitik in Jugoslawien, erarbeite eine Liste. Wir dürfen gespannt sein, welche asylrelevanten Länder von den Brüsseler Spitzen als „verfolgungsfrei“ eingestuft werden. Rumänien, Sri Lanka, Zaire, Brasilien, Lettland oder die Sächsische Schweiz? Genaues weiß niemand nicht.

Die bayerischen Pläne halten sich mit solchen Petitessen nicht auf. Nach dem Willen von Minister Stoiber soll das einklagbare Grundrecht auf Asyl abgeschafft und durch eine „institutionelle Garantie“ ersetzt werden. Garantie hört sich gut an, bedeutet aber, daß nunmehr der Staat das Recht, keineswegs aber die Pflicht hat, politisch Verfolgten Zuflucht zu gewähren. Das wäre das Ende eines gesicherten Verfolgungsschutzes, aber schwerlich das Ende der Zuwanderung aus Ländern, in denen Unterdrückung, Bürgerkrieg und blanke Not herrschen. Wohl könnte die Bundesrepublik vom Zufluchtsort zum Abschiebestaat mutieren.

Eine nicht zufällige Sonderstellung der Bundesrepublik Deutschland wäre damit revoziert. Die Verantwortung vor der Geschichte oder schlicht: die Erfahrung nationalsozialistischen Unrechts gebot den Eltern des Grundgesetzes, der neuen demokratischen Republik eine Identität als Asylland zu geben. Sie wußten sehr wohl, daß Großzügigkeit nicht billig zu haben ist. Sie kannten auch die Allgemeine Erklärung der Menschenrechte von 1948, die mit artiger Verbeugung vor der Souveränität der Staaten jedem Menschen nur das bescheidene Recht zuspricht, „in anderen Ländern vor Verfolgungen Asyl zu suchen“ und — im Erfolgsfall auch — „zu genießen“. Der Art.16 Abs.2 Satz 2 überragt seitdem, zu kühn vielleicht, die Asylgarantien in den Verfassungen und Gesetzen anderer Länder und steckt als menschenrechtlicher Stachel im arg geschrumpften Körper staatlicher Souveränität. Auch die Genfer Flüchtlingskonvention von 1951 bleibt dahinter zurück. Sie definiert den Status „politischer Flüchtlinge“ und will im wesentlichen nur deren minimalen Rechtsschutz an der Grenze, insbesondere das Verbot der Zurückweisung, sowie im Aufnahmeland garantieren. Allerdings haben 40 Jahre einer facettenreichen und im einzelnen durchaus verdienstvollen Rechtsprechung inzwischen den Artikel 16 der Genfer Konvention angenähert und so etwas wie den „Normalflüchtling“ produziert. Gemessen an den Anerkennungschancen, ist dieser ein einzelner Rebell männlichen Geschlechts und möglichst heller Hautfarbe, der noch im Heimatland möglichst gegen ein kommunistisches Regime opponierte, wegen seiner politischen oder religiösen Überzeugung in einer Weise verfolgt wurde, die sich möglichst nicht als dort übliche Maßnahme zur Aufrechterhaltung von Sicherheit und Ordnung deuten läßt, und der anschließend möglichst ohne Umweg in die Bundesrepublik flüchtete.

Den Zerstoibern des Asylrechts reicht dies ebensowenig wie die Erschwerung von Flucht und Einreise durch Visumspflicht und Transportverbote. Sie wollen die Verfassungsgarantie schleifen und damit zwangsläufig die besondere Verantwortung der Bundesrepublik auf Normalmaß zurückschrauben. „Entsorgung der Vergangenheit“ hieß das zuletzt im Kontext des Historikerstreits.

Wer das nicht will, muß sich dennoch nicht auf die bloße Abwehr aller Änderungen der Asylpraxis versteifen. Grundrechtsschonend, denkbar und den Motiven der Flüchtlinge angemessen wäre, den Zwang zum Asylantrag zu lockern. Eindeutige und allgemein bekannte Fälle politischer Verfolgung, wie die der Roma und Sinti in Rumänien, in denen Artikel 16 oder Humanität Schutz gebietet, lassen sich im Paket und ohne langwieriges Verfahren kostengünstiger entscheiden. Das Kontingentflüchtlingsgesetz von 1980 steht dazu mit 6 Paragraphen bereit. Auch Flüchtlingen aus Bürgerkriegsgebieten wie etwa Kroatien, die nach der Rechtsprechung keine Chance der Anerkennung haben, könnte man ohne bürokratische Umschweife mit einem kollektiven „kleinen Asyl“, dem Schutz vor Abschiebung, entgegenkommen, solange der Bürgerkrieg andauert. Vielen, die ganz offensichtlich ökonomischer Not entfliehen, wäre statt eines demoralisierenden Aufenthalts in Lagern und einer stets unsicheren Duldung ihres Aufenthalts humaner mit einer Saisonarbeitskarte geholfen. Oder, wenn sie warten können, mit dem Angebot, in die Bundesrepublik einzuwandern. Ein Einwanderungsgesetz könnte die Asylgarantie vor gefährlichen Zahlenspielen schützen und den Inländern endlich Gelegenheit zur offenen Kontroverse geben, wie sie sich zu den ebenso unvermeidlichen wie unverzichtbaren Migrationen verhalten wollen. Das aus gutem rechtsstaatlichem Grund zeitaufwendige Asylverfahren könnte sich dann vor allem auf jene konzentrieren, denen die politische Verfolgung nicht auf der Stirn geschrieben steht. Bulgarien, Ghana oder Pakistan wären aktuelle Beispiele. Ein mutiger Schritt gegen den nationalistischen Trend wäre, an der bundesamtlichen Asylprüfung von Rechts wegen Vertreter des Hohen Kommissars zu beteiligen. Keine Patentrezepte allesamt, aber allemal angemessener als Grundrechtschirurgie.

Die europäische Karte

Der Bundesinnenminister nebst dem Fraktionsvorsitzenden der CDU werden hiergegen einwenden, eine derartige kleindeutsche Lösung verkenne, daß der Abbau der Grenzkontrollen in Europa die Normalisierung des Asylrechts, seine „Harmonisierung nach unten" diktiere. Daß das Gemeinschaftsrecht die Axt an diesen Artikel legt, trifft schlechterdings nicht zu. Weder der EWG-Vertrag von 1957 noch die Einheitliche Europäische Akte von 1986, noch das Dubliner Abkommen gibt den Eurokraten die Axt in die Hand. Nicht von ungefähr läßt das Schengener Abkommen, das unter anderem auch Einreise und Asylbegehren von „Drittausländern" regelt, genügend Raum für nationale Besonderheiten. Richtig ist freilich, daß die Bundesrepublik Gefahr läuft, zum Reserveasylland zu werden, wenn sich die Mitgliedsstaaten der EG weiterhin auf die Abwehr von Flüchtlingen versteifen.

In dieser Situation reicht es folglich nicht aus, auf Artikel 16 zu pochen oder locker das „freie Fluten" zu propagieren. „Macht hoch die Tür" ist keine politische Antwort auf die Wagenburgmentalität in der Bundesrepublik, auf das Festungsdenken in Europa und auf den Wohlstandschauvinismus überall. Zunächst ist der politischen Klasse, den Amtsträgern zumal, abzuverlangen, statt in Talkshows 2 Milliarden Wanderarme an den Grenzen aufmarschieren zu lassen, selbst in den europäischen Hauptstädten vorstellig zu werden und dort energisch auf eine gemeinschaftliche und humane Lösung des Flüchtlings- und Einwanderungsproblems hinzuarbeiten. Langfristig sollte es nicht unmöglich sein, einen englischen, dänischen oder italienischen Parteifreund oder Ministerkollegen davon zu überzeugen, daß Festungen mittelfristig gestürmt werden. Und daß koordinierte Großzügigkeit bereits kurzfristig kostengünstiger kommt als die Konkurrenz nationaler Egoismen.

Eilfertiges „Harmonisieren nach unten“ wäre einmal mehr Problemflucht und die Preisgabe einer menschenrechtlichen Errungenschaft, des Grundrechts auf Asyl. Genährt von der Illusion, in der Europäischen Gemeinschaft wären wir endlich unter uns und jener Konflikte ledig, die heute die Gesellschaften im Inneren zerreißen und von außen bedrängen. Ein Blick auf den NATO-Partner Türkei, auf die künftigen Mitgliedsstaaten Ungarn, CSFR und Polen, auf Nordirland, auf Greifswald und Hünxe sollte allen nahelegen, sich auf eine beschwerliche, zwangsläufig multikulturelle Konfliktgemeinschaft einzustellen, nicht aber auf einen ethnisch gestylten Club Méditerranée.

Hans-Gerd Jaschke

Nationalismus und Ethnopluralismus

Zum Wiederaufleben von Ideen der „Konservativen Revolution"

Einleitung: Volk und Nation

Der friedliche deutsch-deutsche Einigungsprozeß seit dem Herbst 1989 und Fragen des Umgangs von Deutschen mit Ausländern sind zu beherrschenden Themen nicht nur der Tagespolitik geworden. Sie werden auch dann, wenn sie wieder auf die hinteren Zeitungsseiten verwiesen sind, für den absehbaren Rest dieses Jahrhunderts der deutschen Innenpolitik ihren Stempel aufdrücken. Die weltweiten Flüchtlingsbewegungen werden auch weiterhin vor den deutschen Grenzen nicht haltmachen. Der EG-Binnenmarkt wird für eine weitere Internationalisierung von Ökonomie, Gesellschaft und politischer Kultur sorgen. Die sozialen und wirtschaftlichen Probleme der Einheit werden hüben wie drüben sowohl die Politik wie auch die Alltagsorientierungen prägen.

Die vor allem in der zweiten Jahreshälfte 1991 zutage tretenden, teilweise militanten Protestformen von rechts haben für beträchtliches Aufsehen im In- und Ausland gesorgt. Nicht nur die Wahlerfolge kleiner Rechtsparteien, sondern vor allem die Anschläge auf Unterkünfte von Asylbewerbern und offen auftretende kollektive Sympathien in der Bevölkerung provozieren Fragen nach Ursachen, Ausmaß und Gegenstrategien. In den Debatten über die Polizei und das Asylrecht darf freilich nicht übersehen werden, daß rechte Protestformen nicht von ungefähr gerade jetzt an Zulauf gewinnen: „Nation" (bzw. Nationalstaat und „Wiedervereinigung") und „Volk" (bzw. nationale Identität und Umgang mit Nichtdeutschen) waren und sind von jeher die zentralen Themen der radikalen Rechten. Es konnte von daher nicht ausbleiben, daß bei den neueren politischen Entwicklungen in diesen Bereichen mit den Themen auch die Rechte selbst in vielfältigsten Ausprägungen wieder an die Oberfläche einer weithin unvorbereiteten und naiven Öffentlichkeit gespült werden würde.

Politische Themen entladen sich nicht von selbst in Aktionen. Sie werden in publizistischen Deutungen und Alltagsdiskussionen erst zu Themen gemacht. Die Militanz von rechts hat keine direkten geistigen Urheber, wohl aber wird sie auf geistig-politische Umfelder sich beziehen können, wo der autoritäre Staat und die rassische Reinheit der Völker zu den obersten Leitlinien gehören, wo das Ziel „Ausländer raus“ gleichwohl mit anderen Mitteln verfolgt wird: eben mit geistigen und publizistischen. Ein Gesichtspunkt ist dabei häufig übersehen worden: Struktur und Wirkungsweise kleiner rechtskonservativer, nationalrevolutionärer Zeitschriftenzirkel, Verlage und rechter Intellektueller, die seit Jahren schon bemüht sind, mit den Themen „Nation“ und „Volk“, nationaler und völkischer Identität eine Wende des Zeitgeistes nach rechts herbeizuführen. Die politischen Ideen dieser Neuen Rechten sind die der „Konservativen Revolution“ in der Weimarer Republik, jener geistigen Zuarbeiter des Nationalsozialismus, deren Epigonen bis heute betonen, Oswald Spengler, Carl Schmitt, Moeller van den Bruck, Ernst Jünger, Hans Freyer, Edgar Julius Jung, Othmar Spann und andere seien von den Nazis bloß mißbraucht worden.

Nun läßt sich gewiß darüber streiten, ob und inwiefern diese Autoren tatsächlich geistige Wegbereiter des Nationalsozialismus waren. Moeller van den Bruck starb 1925, Spann wurde 1938 seiner Professur enthoben und verhaftet, Jung wurde 1934 im Zuge des Röhm-Putsches von den Nazis ermordet. Carl Schmitt hat die Morde an der SA-Führung und anderen bekanntlich in seinem am 1.8.1934 in der „Deutschen Juristen-Zeitung“ veröffentlichten Aufsatz „Der Führer schützt das Recht“ mehr als gerechtfertigt, wurde aber wenig später nach publizistischen Angriffen aus dem Umfeld der SS politisch kaltgestellt. Spengler hingegen hat 1933, drei Jahre vor seinem Tod, Hitlers Machtübernahme emphatisch begrüßt [1]. Unbestritten ist, daß sie das rechte antidemokratische Denken in der Weimarer Republik [2] geprägt und zu ihrer Auflösung beigetragen haben. Heute sind es kleine, sich elitär verstehende Zeitungen und Zeitschriften in der Grauzone zwischem dem konservativen und dem rechtsextremen Spektrum, darunter „Staatsbriefe“, „criticon“, „Junge Freiheit“, „Nation Europa“ und Diskussionszirkel wie das „Thule-Seminar“, die bemüht sind, diese Ideen aufzugreifen, zu diskutieren und zu verbreiten. Der Erfolg der kulturkämpferischen französischen Nouvelle Droite dient dabei gleichermaßen als Vor- und auch als Leitbild. Ihr Credo lautet: Der politischen Machtergreifung geht die geistig-kulturelle voraus, der Zeitgeist muß nach rechts gewendet werden, um der künftigen politischen Rechten ein unverfängliches, NS-unbelastetes Programm zu geben. Gewiß — die genannten Zeitschriften und Diskussionszirkel sind zahlenmäßig klein, ihr Einfluß ist schwer zu bestimmen und sie sollten nicht überbewertet werden. Ob diese Neue Rechte wirklich gefährlicher ist als die alte um NPD, DVU und Republikaner, wie Peter Glotz meint [3], sei dahingestellt. Dennoch scheint es ratsam, sich mit ihnen auseinanderzusetzen, denn sie stehen in einer oft verkannten, aber historisch bedeutenden ideengeschichtlichen Tradition, die wesentlich zur Beseitigung der Weimarer Republik beigetragen hat.

Geistesgeschichtlicher Hintergrund: Die „Konservative Revolution“

1934, ein Jahr nach Hitlers Machtübernahme, beschreibt Herbert Marcuse in der vom Frankfurter Institut für Sozialforschung im Pariser Exil herausgegebenen „Zeitschrift für Sozialforschung“ die „neue Weltanschauung“ als ein großes „Sammelbecken all der Strömungen, die seit dem Weltkrieg gegen die 'liberalistische' Staats- und Gesellschaftstheorie vorgetrieben wurden.“ [4] Dazu zählt er das Denken in Führer-Gefolgschafts-Kategorien, Lebensphilosophie, Irrationalismus und völkische Theorien. Marcuse hat als einer der ersten schon frühzeitig darauf hingewiesen, daß der Prozeß der Machteinsetzung des Nationalsozialismus von geistigen Wegbereitern geebnet wurde. Nicht nur die plakative Blut- und Boden-Propaganda der Hitler-Reden und die massenwirksame Faszination der nationalsozialistischen politischen Ästhetik, nicht nur das Bündnis der NSDAP mit maßgeblichen Teilen der konservativen Eliten, sondern auch intellektuelle, philosophisch-politische Steigbügelhalter haben an der Zerstörung der Republik mitgewirkt. Zu ihnen zählt das Umfeld der „konservativen Revolution“.

Edgar Julius Jung (1894-1934), Berater und Redenschreiber des Reichskanzlers v. Papen und einer der führenden Köpfe der Weimarer Rechtsintellektuellen, hat die Konzeption einer „Konservativen Revolution“ in der Weimarer Republik so beschrieben: „Konservative Revolution nennen wir die Wiederinachtsetzung aller jener elementaren Gesetze und Werte, ohne welche der Mensch den Zusammenhang mit der Natur und mit Gott verliert und keine wahre Ordnung aufbauen kann. An die Stelle der Gleichheit tritt die innere Wertigkeit, an die Stelle der mechanischen Wahl das organische Führerwachstum, an Stelle bürokratischen Zwangs die innere Verantwortung echter Selbstverwaltung, an die Stelle des Massenglücks das Recht der Volksgemeinschaft.“ [5] Nachdem die Strukturen der alten wilhelminischen Gesellschaft erschüttert sind, nachdem republikanisches Denken und demokratisches Verfassungsverständnis die soziale Herrschaft von ostelbischen Junkern, Militär und Adel bedrohen, ist dieses konservative Denken kaum mehr dem älteren verbunden. Es versteht sich, entsprechend den radikal veränderten Gegebenheiten nach 1918, als etwas Neues, als „revolutionär“. Martin Greiffenhagen hat diesen „Schritt vom restaurativen zum revolutionären Denken“ als „Verzweiflungstat“ beschrieben, bei der es darum gehe, „die bestehenden Verhältnisse völlig umzustürzen, reinen Tisch zu machen und den Boden zu säubern, auf dem dann das Neue, d.h. aber das Alte 'wachsen' kann.“ [6]

Die Suche nach deutschen, ursprünglichen Werten, nach Ordnungsprinzipien und nach Prinzipien der „Volksgemeinschaft“ war das Anliegen nicht weniger Rechtsintellektueller in der Zwischenkriegszeit, die den Versailler Vertrag als Erniedrigung empfanden und die parlamentarische Demokratie als Ausgeburt der „Herrschaft der Minderwertigen“ (so ein weiterer Buchtitel Jungs [7]). In ihren Werken verherrlichen sie die nationale Aufbruchstimmung des Kriegsjahres 1914 und das Kriegserlebnis selbst — am wirkungsvollsten wohl Ernst Jünger in den „Stahlgewittern.“ [8] Für viele von ihnen war wie auch für die bündische Jugend, die Freikorps und andere militäristische Kreise, der Krieg die ,,Volksgemeinschaft des Schützengrabens“ und die Geburtsstunde einer neuen Nation. [9] Wie die Mehrheit der gesamten Weimarer Rechten betrachten sie den Friedensschluß als aufgezwungenes, nicht akzeptables Diktat. Spengler etwa betrachtete „die schmutzige Revolution von 1918 vom ersten Tage an ... als den Verrat des minderwertigen Teils unseres Volkes an dem starken, unverbrauchten, der 1914 aufgestanden war.“ [10] Liberale Demokratie ist in ihren Augen, wie Arthur Moeller van den Bruck (1876-1925) in seinem 1923 erschienenen Buch „Das dritte Reich“, das Carl v. Ossietzky einmal ein „politikfremdes Lamento von monotoner Melancholie“ genannt hat [11] schrieb, Selbstbetrug und Versklavung des deutschen Volkes: „Der Liberalismus ist der Ausdruck einer Gesellschaft, die nicht mehr Gemeinschaft ist.“[12] Nur in der „Gemeinschaft“ kann der ständestaatlichen Konzeption Othmar Spanns (1878-1950) zufolge, der „mechanische Grundsatz der Mehrheit“ überwunden werden zugunsten einer organisch gegliederten Staatsform. In der demokratisch-republikanischen Gesellschaft hingegen werde jeder in die gleiche Waagschale geworfen und mitgewogen, „jeder Einzelne ist ein gleichwertiges Atom, Nietzsche und sein Stiefelputzer haben dieselbe Stimme.“ [13] „Die Mehrheit in den Sattel setzen“, so Spann weiter, „heißt das Niedere herrschend machen über das Höhere. Demokratie heißt also: Mechanisierung der Organisation unseres Lebens (des Staates) und Ausschaltung jedes Wertgrundsatzes aus dem Baugesetz dieser Organisation durch Abstimmung, durch Herrschaft der Mehrheit.“ [14]

Die hier zutage tretende Kritik des Liberalismus bezieht sich weniger auf die kompromißbereiten Weimarer Liberalen um DVP und DDP. Sie reicht tiefer: Hauptgegner sind, wie Jung 1932 hervorhebt, die „Wertungsweisen und sozialen Formen der 1789 durchgebrochenen liberalen Welt.“ [15] Ein Jahr später schreibt er, die deutsche konservative Revolution könne „ihren Charakter als Gegenrevolution nur bewähren in der Abkehr von den geistigen Gesetzen, welche die liberale Revolution von 1789 beherrschten.“ [16] Dieses Selbstverständnis ist ein zentrales Leitmotiv. Die Rechtsintellektuellen der „Konservativen Revolution“ stehen in der Tradition der gegen die Folgen der Französischen Revolution aufbegehrenden Gegenrevolution und lehnen jedes politische Arrangement mit den gegebenen Verhältnissen ab. Dazu gehört auch die Kritik des „seelenlosen“ Kapitalismus von rechts, wie sie etwa im Werk des Soziologen Hans Freyer und des Dichters Ernst Jünger besonders deutlich zutage tritt.[17]

Revolutionär-konservatives Denken sollte darangehen, nicht mehr nur als gut erkannte Verhältnisse zu bewahren, sondern durch Zerstörung des Schlechten, Dekadenten herzustellen, was der Bewahrung lohnt. Die Folgewirkungen von Aufklärung und Französischer Revolution, das Denken in Bildern von Freiheit, Gleichheit, Brüderlichkeit, seine Ausformungen in sowjetischem Bolschewismus und westlichem Liberalismus galt es, mit den Mitteln der Kulturkritik und der Publizistik zu attackieren.

Gegen Ende der Weimarer Republik verschärfen sich Tonart und Diktion der Rechtsintellektuellen, wie etwa das Beispiel eines ihrer wichtigsten publizistischen Sprachrohre, die Geschichte des „Tat"-Kreises [18], zeigt. Doch sie konnten auf Vorläufer zurückblicken, die bereits vor dem Ersten Weltkrieg theoretische Vorarbeit geleistet hatten. Oswald Spengler (1880-1936) hatte in seinem 1918 zuerst erschienenen, aber im wesentlichen schon vor dem Ersten Weltkrieg verfaßten, von der Weimarer Rechten breit rezipierten Werk „Der Untergang des Abendlandes" [19] das Ende der europäischen und der deutschen Kultur vorausgesagt.

Spengler begründet seine kulturpessimistische Prognose mit einem organisch-zyklischen Bild vom Aufstieg und Fall der Kulturen. Die europäische Zivilisation ist für ihn das Endstadium im Spannungsbogen von Wachstum und Verfall. Sie sei gekennzeichnet durch stumpfe, seelenlose Kultur unter dem Diktat des Materialismus, des Geldes und der Bürokratie. „Das parlamentarische Zeitalter", notiert er 1924, „ist unwiderruflich zu Ende. Seine Formen leisten nichts mehr, sie belasten uns nur. ... Wer auf der Höhe seiner Zeit steht, mußte 1830 Demokrat sein und 1930 das Gegenteil davon." [20]" Menschenrechte als gleiche Rechte für alle Menschen und Kern des liberalen, demokratischen Denkens sind für Spengler, ebenso wie später für Jung und Spann, widernatürlich und dekadent.

Der Patron: Carl Schmitt [21]

Der Staatsrechtler Carl Schmitt (1888-1985) ist der heute in Kreisen der Neuen Rechten meistdiskutierte, aber schon in der Weimarer Republik für die Rechtsintellektuellen im Umfeld der „Konservativen Revolution" wegweisende Kritiker der Verfassung, von Liberalismus,

Pluralismus und Parlamentarismus. Schmitt hält, den „totalen Staat“ des italienischen Faschismus als leuchtendes Beispiel vor Augen, den Weimarer Parlamentarismus für unzeitgemäß, ineffektiv und heuchlerisch. Das Parlament sei bloße Abstimmungsmaschine für zuvor in Interessenhändeln abgestimmte Entscheidungen. [22] Es bringe nicht den Willen des Volkes, sondern jenen der jeweils herrschenden Gruppen zum Ausdruck. Er sieht das Verbandswesen und das Konkurrieren verschiedener, teils unvereinbarer Weltanschauungen als Ausdruck eines ziellosen, den Staat und dessen Autorität unterminierenden Pluralismus. Insbesondere werde die Fähigkeit des starken Staates, über den Ausnahmefall zu entscheiden und innenpolitische Widerstände und Feinde entschieden zu bekämpfen, durch Pluralismus und Parlamentarismus zerstört.

Schmitt betrachtet die Kampfbereitschaft voraussetzende Unterscheidung zwischen Freund und Feind als konstitutiv für Politik schlechthin. „Feind ist“, heißt es in seinem 1932 erschienenen Buch „Der Begriff des Politischen“, „nur eine wenigstens eventuell, d.h. der realen Möglichkeit nach kämpfende Gesamtheit von Menschen, die einer ebensolchen Gesamtheit gegenübersteht. Feind ist nur der öffentliche Feind, weil alles, was auf eine solche Gesamtheit von Menschen, insbesondere auf ein ganzes Volk Bezug hat, dadurch öffentlich wird.“ [23] Zum Staat gehöre das Recht des jus belli, „d.h. die reale Möglichkeit, im gegebenen Fall kraft eigener Entscheidung den Feind zu bestimmen und ihn zu bekämpfen.“ [24] Schon einige Jahre zuvor, in den Betrachtungen zur „geistesgeschichtlichen Lage des heutigen Parlamentarismus“, hatte Schmitt geschrieben, zur Demokratie gehöre innere Homogenität und gegebenenfalls die Ausschaltung des Heterogenen: „Die politische Kraft einer Demokratie zeigt sich darin, daß sie das Fremde und Ungleiche, die Homogenität Bedrohende zu beseitigen oder fernzuhalten weiß.“ [25]

Während Schmitts Parlamentarismuskritik nicht die Reform anvisiert, sondern die grundsätzliche Abschaffung des Parlamentarismus selbst nahelegt, ist sein „Begriff des Politischen“ die Absage an den Pluralismus und Liberalismus und der Lobgesang auf den starken, nach innen und außen wehrhaften Staat, der mit seinen Gegnern nicht viel Federlesens macht. Schmitts politische Theorie braucht nicht die Romantik der Kriegsbegeisterung von 1914 und die Poetik der „Stahlgewitter“ (Jünger), um den Krieg als höchste staatliche Tat zu verklären. Verzichtet der Staat auf das jus belli, nach innen und außen, wird er wehrlos und verfällt in pluralistische Anarchie.

Daß Schmitts Theorie sich nahtlos in die Aufbrüche der antidemokratischen und antirepublikanischen Weimarer Rechtsintellektuellen um die „Konservative Revolution", den „Tat"-Kreis [26], das politische Kolleg an der Berliner Hochschule für Politik [27] und andere Strömungen einfügt, muß hier nicht betont werden. Schmitts Theorie, insbesondere seine Parlamentarismuskritik hat auch, wie die linke Auseinandersetzung mit dem Staat und dem Parlamentarismus Ende der sechziger Jahre zeigt [28], Einflüsse weit über die Rechte hinaus gehabt. Mit ihr lassen sich rechte wie auch linke Diktaturen begründen. Doch erst die Folgewirkungen einer Renaissance des neurechten Denkens in Frankreich haben es vermocht, die Ansätze der „Konservativen Revolution" insgesamt wieder zu neuem — antidemokratischem — Leben zu erwecken.

Das Vorbild: Die Neue Rechte in Frankreich

Seit 1990 gibt Alain de Benoist, Cheftheoretiker der französischen Neuen Rechten, eine Buchreihe mit dem Titel „Konservative Revolution" heraus, der er sich nach eigenen Worten geistig verbunden fühlt. Dort werden u.a. Werke von Carl Schmitt und Moeller van den Bruck in französischer Übersetzung verlegt. [29] Seit Ende der sechziger Jahre propagieren und diskutieren die Neue Rechte um Benoist, die Zeitschriften „éléments" und „Nouvelle École" die Ideen der rechtsintellektuellen Vorläufer. [30] Ziel ist es, einen ideengeschichtlichen, metapolitischen, umfassenden Bezugsrahmen für eine moderne rechte Programmatik zu erarbeiten.

Die Neue Rechte entstand im Verlauf der sechziger Jahre, als junge Intellektuelle gegen die Verkrustungen der alten Rechten und ihre anhaltende Fixierung auf das Algerien-Dilemma de Gaulles aufbegehrten und eine zeitgemäße, moderne, intellektuelle Programmatik verlangten. Benoist und seine Anhänger suchten die Auseinandersetzung mit den Theorien der Neuen Linken. Von Antonio Gramsci übernahmen sie die Vorstellung eines Kulturkampfes, in dem es darum gehe, vor der politischen die kulturelle Hegemonie zu gewinnen. Die Auseinandersetzung mit den Autoren der konservativen Revolution, mit

Nietzsche, Pareto und Evola, aber auch zeitgenössischer Verhaltensforschung (Konrad Lorenz, Irenäus Eibl-Eibesfeld u.a.), Eugenik und Soziobiologie dient dazu, den vom Christentum, vom Marxismus und Liberalismus angeblich in der Tradition der Aufklärung herbeigeführten „Egalitarismus" zu bekämpfen und die Besinnung auf die europäischen Werte vor 1789 voranzutreiben. Gegen Freiheit, Gleichheit, Brüderlichkeit setzt die Neue Rechte die Bindung an die (Volks)-gemeinschaft, die natürliche Ungleichheit der Menschen und Rassen sowie den Gedanken sich selbst bildender heroischer Eliten.

Gegen die vorgebliche politische, militärische und kulturelle Hegemonie der USA, die als Endpunkt des liberalkapitalistischen Individualismus betrachtet wird, setzt die Neue Rechte auf die Identität der europäischen Völker, gegen den kapitalistischen Krämergeist den Primat der Politik im Sinne von Carl Schmitt. Demokratie ist demzufolge ein dem Liberalismus folgendes politisches Ordnungsprinzip, das die Neue Rechte ablehnt aufgrund seiner egalitären Basis, seiner kompromißgerichteten Entscheidungsfindung und der verfahrenszentrierten Legitimationsgrundlagen. Hier liegt — neben der unterschiedlichen Beurteilung des Christentums und dem Antiamerikanismus der Neuen Rechten — der wohl entscheidende Unterschied zum etablierten westeuropäischen Konservatismus. Während dieser nach 1945 die demokratischen und republikanischen Spielregeln gelernt hat und akzeptiert, bekämpft die Neue Rechte die Demokratie als solche — ganz in der Tradition der konservativen Revolution. Auch in der Behandlung der Menschenrechtsfrage zeigt sich die antidemokratische Stoßrichtung der Neuen Rechten. Sie stellt die „Sache der Völker", ihre kulturellen Eigenarten und rassischen Besonderheiten über das demokratische *essential* der universalistischen Menschenrechte. [31]

Die Neue Rechte in Frankreich ist keineswegs politisch und gesellschaftlich isoliert. Ihr Vordenker Alain de Benoist erhielt 1977 den Essayisten-Preis der Académie Franąise für sein Werk „Vu de droité." [32] Im Sommer 1979 sorgte eine Pressekampagne ihrer Gegner für große öffentliche Aufmerksamkeit, nachdem das angesehene „Figaro-Magazine" den Autoren der Neuen Rechten Gelegenheit gegeben hatte, dort regelmäßig zu publizieren. Über den „Club de l'horloge" sucht die sich aus der Tagespolitik heraushaltende Neue Rechte auch politischen Einfluß zu gewinnen. Yvan Blot, Mitbegründer, ist mittlerweile Europa-Abgeordneter des Front National und

Berater der deutschen Republikaner. [33] Der Front National und die Neue Rechte praktizieren eine uneingestandene Arbeitsteilung. Obwohl die Neue Rechte offiziell den Front National nicht unterstützt, ist doch ihr Einfluß auf diese Rechtsaußen-Partei und die gesamte rechtsextreme Szene spürbar, sie hat zu einer Modernisierung und Intellektualisierung der Programme beigetragen. Innerhalb der rechtsextremen Publizistik, auch außerhalb Frankreichs, gelten rassistische Aussagen nicht mehr als Produkt autoritärer Vorurteile, sondern als Ergebnis „wissenschaftlicher" Einsichten. Es ist der Neuen Rechten gelungen, darüber hinaus auch andere Themen und Begründungszusammenhänge aus dem Dunstkreis der Stammtische herauszuholen und auf eine quasirationale Argumentationsstufe zu heben. Das Plädoyer zur Besinnung auf das kulturelle Erbe Europas und des Abendlandes ist eine Form des Nationalismus, die ohne dezidierte Fremdenfeindlichkeit auskommt, aber gleichwohl Europa zur Festung gegen die Invasion von Flüchtlingen aus der Dritten Welt erklärt. Der Begriff „Ethnopluralismus" behauptet die anthropologisch angeblich erwiesene notwendige Homogenität der Völker und die Unverantwortlichkeit der ethnischen „melting pots", wie etwa in den USA, ohne auf plumpe ausländerfeindliche Parolen zurückgreifen zu müssen.

Die Neue Rechte in der Bundesrepublik

Die französische Neue Rechte hat inzwischen Ableger hervorgebracht in Belgien, Italien, Spanien und anderswo. [34] In der Bundesrepublik ist sie von zwei Seiten bereitwillig aufgenommen worden: im Umfeld der von CDU/CSU enttäuschten Konservativen und bei jenen Richtungen weiter rechts, die im NS-fixierten Denken der alten Rechten keine Zukunft sehen. Streng genommen gibt es in der Bundesrepublik keine einheitliche neue Rechte, sondern, wie es Wolfgang Gessenharter formuliert hat, „sowohl vom Ideenpotential als auch organisatorisch eine Gruppierung zwischen dem deutschen Konservatismus und dem deutschen Rechtsextremismus, die eine Scharnierfunktion, also Verbindung und Begrenzung gleichermaßen, zwischen beiden bildet."[33]

Das Fortleben von Ideen der „Konservativen Revolution" hierzulande unterscheidet sich von Frankreich vor allem durch eine kaum mehr überschaubare organisatorische und auch weltanschauliche Zersplitterung. [36] Konservative Vordenker wie der Erlanger Historiker Hellmut Diwald, der ehemalige Sekretär Ernst Jüngers, Armin Mohler, der Osnabrücker Soziologe Robert Hepp, der Stuttgarter Sozialphilosoph Günter Rohrmoser oder der jüngst verstorbene Bochumer Politologe Bernard Willms und andere, weniger bekannte, Publizisten, haben bei aller Individualität und Rivalität mit ihrem akademischen Anhang in Zeitschriften und bei Kongressen die Botschaften der Neuen Rechten mit unterschiedlicher Akzentuierung propagiert und auch eine jüngere Generation des konservativ-nationalistischen Spektrums beeindrucken können. Zwischen dem rechten Unions-Rand und den Vertriebenenverbänden, zwischen den Republikanern und den rechten „Denkfabriken der Wende" [37], zwischen der vordem rechtsextremen und zwischenzeitlich zur christlich-konservativen zeitlich zur christlich-konservativen Seite mutierten Zeitschrift „Mut" [38] und der Tageszeitung „Die Welt" ist ihr Einfluß spürbar. Die von Gerd-Klaus Kaltenbrunner herausgegebene Buchreihe „Herderbücherei Initiative" wie auch kleinere, weniger bekannte Zeitschriften für ein überwiegend akademisches Publikum (Nation Europa, Elemente usw.) leben vom Geist der „Konservativen Revolution". Im Angebot sind unter anderem politisch-philosophische Begründungen der Nation als zentraler Kategorie eines Volkes (Willms), Forderungen nach geistig-politischer Wende (Rohrmoser) und Beendigung der angeblich zerstörerischen Vergangenheitsbewältigung (Mohler), das Herunterspielen der deutschen Kriegsschuld (Diwald), Plädoyers für die rassische Reinheit der Deutschen (Hepp) und neue Eliten (Kaltenbrunner). Strömungen der Neuen Rechten waren im Gründungsprozeß der Partei Die Grünen, einschließlich ihrer Vorläufer ebenso involviert wie bei der Programmentwicklung der Republikaner. [39]

Was vor zehn Jahren noch als politische Skurrilität hätte bezeichnet werden können, beginnt heute vor dem Hintergrund offen aufbrechender Fremdenfeindlichkeit aus dem Schatten von Randzirkeln herauszutreten: „wissenschaftliche" Begründungen der Fremdenfeindlichkeit, vorgetragen nicht von sozialen Außenseitern oder Randbereichen jugendlicher Subkulturen, sondern von honorigen Hochschullehrern. Im Juni 1981 erschien das von elf deutschen Universitätsprofessoren unterzeichnete „Heidelberger Manifest." [40]

Dort ist von der „Unterwanderung" des deutschen Volkes durch Ausländer die Rede, von der Überfremdung des „Volkstums" und der Notwendigkeit, den europäischen „Organismus aus erhaltenswerten Völkern“ frei von Ausländern zu halten. Dieses Dokument eines akademischen Rassismus beginnt, so scheint es, Früchte zu tragen. Was heute im Ergebnis „Hoyerswerda ist ausländerfrei“ militant kulminiert, wird in Kreisen der Neuen Rechten schon länger vorgedacht, „wissenschaftlich“ bewiesen und in Randzonen konservativ-nationalistischer Öffentlichkeit gehandelt. Was hier mit Parolen („Ausländer raus“) zum Ausdruck kommt, findet dort als feinsinnige Sprachschöpfung sich wieder: „Ethnopluralismus“ steht als Sammelbegriff für die Trennung der Ethnien. So unterschiedlich die Methoden, so ähnlich sind doch die Ziele. Das rassisch reine, das kulturell homogene Deutschland soll es sein, von keiner „Vergangenheitsbewältigung“ in seiner machtstaatlichen Fülle getrübt, nach innen homogen, nach außen als starke europäische Zentralmacht.

Eine beachtenswerte Sonderrolle im weiten Umfeld der Neuen Rechten spielen linksnationalistisch-antikapitalistische Strömungen in der nationalrevolutionären Tradition eines Ernst Niekisch oder Otto Strasser. Die „linken Leute von rechts“ sammeln sich heute um das Koblenzer Magazin „wir selbst“ und ihren Vordenker Henning Eichberg. Sein Konzept des „Ethnopluralismus“ richtet sich gegen universalistische politische Philosophien und besteht auf der unaufhebbaren Differenz der Menschen, Kulturen und Traditionen. Demnach sind „nationale Identität“ in kleinen, ethnisch homogenen Einheiten oder Entfremdung in der universalistischen, kapitalistischen und multikulturellen „One World“ die Alternativen unserer Zeit.[41] Eichberg sieht in Strategien des „Befreiungsnationalismus“ von unten die einzige Chance der Völker, sich aus der Knechtschaft des Imperialismus zu emanzipieren und ihre kulturelle Identität zu bewahren. Die Sonderstellung dieser, auch in das Spektrum der grünen Bewegungen hineinreichenden Strömung besteht darin, daß hier Nationalismus von unten her gedacht wird, nicht vom Staat her, sondern von den europäischen Völkern her.

Fragen wir — bei allen Unterschieden — nach dem Gemeinsamen, dem Verbindenden des neurechten Spektrums, so muß auf die Besonderheiten der deutschen Entwicklung hingewiesen werden. Der Antiliberalismus der sehr heterogenen deutschen Neuen Rechten bezieht sich immer wieder auf die zwölf Jahre sozialliberaler Koalition (1969-1981), deren vermeintlich verhängnisvolle und geistig nachwirkende Folgen es zu überwinden gelte. Aufgrund des Ost-West-Konflikts ist der Antikommunismus eine im Vergleich zur Weimarer Rechten weitaus stärker ausgeprägte Denkfigur, und schließlich ist, anders als etwa bei der französischen Nouvelle Droite, der Geschichtsrevisionismus eine bedeutende Grundhaltung. Es gelte, endlich mit der „Vergangenheitsbewältigung" Schluß zu machen, der unterstellt wird, sie habe zur Knechtung des deutschen Volkes beigetragen und durch „Umerziehung" die Geister vernebelt.

Schluß: Wider das antidemokratische Denken

1932 notiert Edgar Julius Jung mit Genugtuung und nicht ohne Pathos, die Gedanken der „Konservativen Revolution" seien in den Jahren 1919 bis 1927 „fast unter Ausschluß der Öffentlichkeit von einzelnen Kreisen und schöpferischen Menschen geformt und gegen den Widerstand einer hohnlachenden Umwelt durchgefochten worden ... Die geistigen Voraussetzungen für die deutsche Revolution wurden außerhalb des Nationalsozialismus geschaffen." [42] Wenn sich die Geschichte nicht wiederholt, so sollte auch die Mißachtung und Ignoranz der Weimarer demokratischen Öffentlichkeit gegenüber Jung und seinen Anhängern sich nicht wiederholen. [43]

Die Neue Rechte in der Bundesrepublik ist bislang ein Phänomen sich elitär verstehender politisch-intellektueller Zirkel und Kleingruppen. Es blüht eher im Verborgenen abseits des politischen Getriebes. Aufmerksamkeit verdient es im Hinblick auf eine poröser werdende allgemeine Bindung an demokratische Normen und Verfahren. Das „Ende der Ideologien", die geringe Attraktivität der Ismen, das Mißtrauen in die politische Klasse und die Suche nach künftigen Orientierungen nach dem Ende des Ost-West-Konflikts eröffnen freilich eine geistige Tabula rasa, auf der auch, so scheint es, antidemokratische Ideen von rechts Platz finden könnten.

Die bisherigen Bezüge im politischen Denken auf Carl Schmitt, Ernst Jünger und andere Konservative waren immer partikulär, rudimentär, bedienten sich eines geistigen Steinbruchs, der aufgrund seiner Nähe zum Nationalsozialismus als solcher verpönt war. Hier setzt die Neue Rechte an. Sie versucht, am weitesten in Frankreich, aus dem geistesgeschichtlichen Erbe der „Konservativen Revolution" eine in sich geschlossene rechte politische Theorie zu entwickeln — gegen Liberalismus und Demokratie, für den starken Staat und für eine Festung Europa.

Kern einer solchen Theorie ist der Begriff der „Gemeinschaft", den es, so die Neue Rechte, gegen „Gesellschaft" vorzubringen gelte. Das Wiederaufleben von Ideen der „Konservativen Revolution" ist eine offenbar breiter werdende elitär-intellektuelle Ausdrucksform des Protests gegen Verwerfungen der modernen Gesellschaft. Die falsche Vision eines ethnisch und kulturell homogenen, organisch gegliederten Volkes im starken, den Volkswillen verkörpernden Staat und, umgekehrt, die Konzeption eines „Befreiungsnationalismus" von unten werden ausgespielt gegen die Vorstellung einer pluralistischen, individualistischen, sich in Interessenkämpfen aufzehrenden, nach innen und außen offenen Gesellschaft. Die Realisierung dieser Vision kann, darauf wäre nachhaltig zu bestehen, nur um den Preis der Demokratie, der Toleranz und der Liberalität selbst erkauft werden. Die geistige Herausforderung der Neuen Rechten liegt darin, daß das Verhältnis von Gemeinschaft und Gesellschaft angesichts vielfältiger Erosionsprozesse neu zu bestimmen wäre. Was Gemeinschaft, Solidarität, Miteinander in der Demokratie und in der Gesellschaft heute und künftig bedeuten können, das bedarf in der Tat einer längerfristigen und intensiveren Klärung. Die Neue Rechte sollte weder über- noch unterschätzt werden. Sie sollte als Warnsignal und als Herausforderung verstanden werden.

Anmerkungen:

1 Oswald Spengler, Jahre der Entscheidung, München 1933, S. 13: „Niemand konnte die nationale Umwälzung dieses Jahres mehr herbeisehnen als ich".

2 Vgl. das unverzichtbare Standardwerk von Kurt Sontheimer, Antidemokratisches Denken in der Weimarer Republik. Die politischen Ideen des deutschen Nationalismus zwischen 1918 und 1933, München 1983 (zuerst 1962).

3 Peter Glotz, Die deutsche Rechte. Eine Streitschrift, Stuttgart 1989, S. 36.

4 Herbert Marcuse, Der Kampf gegen den Liberalismus in der totalitären Staatsauffassung, in: Zeitschrift für Sozialforschung 2/1934, S. 161 (Nachdruck München 1980).

5 Edgar J. Jung (Hrsg.), Deutsche über Deutschland. Die Stimme des unbekannten Politikers. Mit einem zusammenfassenden Nachwort: „Deutschland und die konservative Revolution", München 1932, S. 380.,

6 Martin Greiffenhagen, Das Dilemma des Konservatismus in Deutschland, München 1977, S. 242.

7 Edgar Julius Jung, Die Herrschaft der Minderwertigen, Berlin 1930.

8 Ernst Jünger, In Stahlgewittern. Aus dem Tagebuch eines Stoßtruppführers, Hannover 1920.

9 Zur Bedeutung des Kriegserlebnisses für die Weimarer Rechte vgl. Sontheimer (Anm. 2), S. 93ff.

10 Spengler (Anm. 1), Einleitung, ohne Seitenangaben.

11 Carl v. Ossietzky, Antisemiten, in: Weltbühne, 19.7.1932, S. 89.

12 Arthur Moeller van den Bruck, Das dritte Reich, Berlin 1923, S. 97.

13 Othmar Spann, Der wahre Staat. Vorlesungen über Abbruch und Neubau der Gesellschaft, Jena 1931, S. 84.

14 Ebda., S. 110.

15 Edgar Julius Jung, Neubelebung von Weimar?, in: Deutsche Rundschau, Juni 1932, S. 156, zit. nach Sontheimer (Anm. 2), S. 120.

16 Edgar Julius Jung, Sinndeutung der deutschen Revolution, Oldenburg 1933, S. 43, zit. nach Ludwig Elm (Hrsg.), Falsche Propheten. Studien zum konservativ-antidemokratischen Denken im 19. und 20. Jahrhundert, Berlin 1990, S. 168.

17 Hans Freyer, Revolution von rechts, Jena 1931; vgl. dazu Richard Saage, Von der „Revolution von rechts“ zum „technokratischen Konservatismus“, in: Konservatismus — Eine Gefahr für die Freiheit? Für Iring Fetscher, hrsg. von Eike Hennig/Richard Saage, München 1983, S. 120-143; Ernst Jünger, Der Arbeiter. Herrschaft und Gestalt, Stuttgart 1982 (zuerst 1932).

18 Vgl. dazu Klaus Fritzsche, Politische Romantik und Gegenrevolution. Fluchtwege in der Krise der bürgerlichen Gesellschaft: Das Beispiel des „Tat“-Kreises, Frankfurt 1976.

19 Oswald Spengler, Der Untergang des Abendlandes. Umrisse einer Morphologie der Weltgeschichte, München 1972.

20 Oswald Spengler, Neubau des Deutschen Reiches, in: ders., Politische Schriften, Volksausgabe, München 1933, S. 207.

21 Vgl. Thomas Assheuer/Hans Sarkowicz, Rechtsradikale in Deutschland. Die alte und die neue Rechte, München 1990, S. 129ff. Zur Bedeutung Schmitts in diesem Zusammenhang vgl. auch Wolfgang Gessenharter, Das Freund-Feind-Denken der Neuen Rechten, in: Christoph Butterwegge/Horst Isola (Hg.), Rechtsextremismus im vereinten Deutschland, Berlin 1990, S. 57-65.

22 Vgl. vor allem Carl Schmitt, Verfassungslehre, Berlin 1970 (zuerst 1928) und ders., Der Hüter der Verfassung, Berlin 1969 (zuerst 1931).

23 Carl Schmitt, Der Begriff des Politischen. Text von 1932 mit einem Vorwort und drei Corollarien, Berlin 1987, S. 29.

24 Ebda., S. 45.

25 Carl Schmitt, Die geistesgeschichtliche Lage des heutigen Parlamentarismus, Berlin 1985, S. 12ff. (zuerst 1923).

26 Vgl. dazu Fritzsche (Anm. 18).

27 Vgl. dazu Rainer Eisfeld, Ausgebürgert und doch angebräunt. Deutsche Politikwissenschaft 1920-1945, Baden-Baden 1991, insbesondere S. 43ff.

28 So zeigt etwa die seinerzeit einflußreiche Demokratiekritik von Johannes Agnoli /Peter Brückner, Die Transformation der Demokratie, Frankfurt 1968 eine Fülle an Gemeinsamkeiten mit der Schmittschen Parlamentarismuskritik.

29 Interview mit de Benoist in: elements Nr. 70/1991, S. 24.

30 Auf die organisationsgeschichtlichen Hintergründe gehe ich hier nicht ein, vgl. dazu Franz Greß/Hans-Gerd Jaschke/Klaus Schönekäs, Neue Rechte und Rechtsextremismus in Europa. Bundesrepublik, Frankreich, Großbritannien, Opladen 1990, S. 45ff. Zu den innerfranzösischen Zusammenhängen vgl. Marieluise Christadler, Die „Nouvelle Droite“ in Frankreich, in: Iring Fetscher (Hg.), Neokonservatismus und Neue Rechte, München 1983, S. 163-260, und Wolfgang Kowalsky, Kulturrevolution? Die Neue Rechte im neuen Frankreich und ihre Vorläufer, Opladen 1991.

31 Vgl. Greß/Jaschke/Schönekäs (Anm. 30), S. 61ff.

32 In deutscher Übersetzung: Aus rechter Sicht, 2 Bde., Tübingen 1983/84.

33 Vgl. Hans-Gerd Jaschke, Die „Republikaner“. Profile einer Rechtsaußen-Partei, Bonn 1990, S. 33f. Zum Front National: Roland Höhne, Die Renaissance des Rechtsextremismus in Frankreich, in: Politische Vierteljahresschrift 1/90, S.79-96.

34 Hans-Gerd Jaschke, Wölfe im Schafspelz? Der europäische Rechtsradikalismus bemüht sich um ein intellektuelles Profil, in: Die Zeit Nr. 3, 10.1.1986, S. 10.

35 Wolfgang Gessenharter, Die „Neue Rechte“ als Scharnier zwischen Neokonservatismus und Rechtsextremismus in der Bundesrepublik, in: Gegen Barbarei. Essays Robert M.W. Kempner zu Ehren, hrsg. von Rainer Eisfeld und Ingo Müller, Frankfurt 1989, S. 424-452.

36 Vgl. dazu Greß/Jaschke/Schönekäs (Anm. 30), S. 218-349.

37 Vgl. Claus Leggewie, Der Geist steht rechts. Ausflüge in die Denkfabriken der Wende, Berlin 1987. Vgl. dort auch die Bemerkungen zu Rohrmoser (S. 49ff.) und Mohler (S. 187ff.). Zu Willms vgl. Gessenharter (Anm. 35), S. 439f.

38 Zu ,,Mut“ vgl. Gessenharter (Anm. 35), S. 435ff.

39 Für die Geschichte der Grünen vgl. Lilian Klotzsch/Richard Stöss, „Die Grünen“, in: Parteien-Handbuch Bd. 2, hrsg. von Richard Stöss, Opladen 1984, S. 1509-1598. Zum ökologischen Denken in Kreisen der Neuen Rechten vgl. Thomas Jahn/Peter Wehling, Ökologie von rechts, Frankfurt/New York 1991. Zu Einflüssen auf die „Republikaner“-Programmatik vgl. Jaschke, Die „Republikaner“ (Anm. 33), S. 27ff.

40 Als Veröffentlichung des „Thule Semiars“, des Statthalters der französischen Neuen Rechten. Das Manifest ist nachgedruckt in: Peter Dudek/Hans-Gerd Jaschke, Entstehung und Entwicklung des Rechtsextremismus in der Bundesrepublik Bd. 2, Opladen 1984, S. 302.

41 Vgl. Henning Eichberg, Nationale Identität. Entfremdung und nationale Frage in der Industriegesellschaft, München/Wien 1978; ders., Abkoppelung — Nachdenken über die neue deutsche Frage, Koblenz 1987. Kritisch zu diesen Konzepten: Glotz, Die deutsche Rechte (Anm. 3), S. 137ff.

42 Deutsche Rundschau, Juni 1932, S. 158, zit. nach Sontheimer (Anm. 2), S. 35.

43 Zu den intellektuellen Richtungen in der Zwischenkriegszeit vgl. Norbert J. Schürgers, Politische Philosophie in der Weimarer Republik, Stuttgart 1989.

STUDIENREIHE DES INSTITUTS FÜR SOZIALFORSCHUNG

Gerhard Brandt, Otto Jacobi, Walther Müller-Jentsch: Anpassung an die Krise: Gewerkschaften in den siebziger Jahren, Frankfurt 1982

Rainer Erd: Die amerikanischen Gewerkschaften im New Deal 1933 — 1937, Frankfurt 1985

Helgard Kramer, Christel Eckart, Ilka Riemann, Karin Walser: Grenzen der Frauenlohnarbeit. Frauenstrategien in Lohn- und Hausarbeit seit der Jahrhundertwende, Frankfurt 1986

Christoph Deutschmann: Der Weg zum Normalarbeitstag. Die Entwicklung der Arbeitszeiten in der deutschen Industrie bis 1918, Frankfurt 1985

Edwin Schudlich: Die Abkehr vom Normalarbeitstag. Entwicklung der Arbeitszeiten in der Industrie der Bundesrepublik seit 1945, Frankfurt 1987

Rainer Erd, Otto Jacobi, Wilhelm Schumm (Hg.): Strukturwandel in der Industriegesellschaft, Frankfurt 1986

Wilhelm Schumm (Hg.): Zur Entwicklungsdynamik des modernen Kapitalismus. Beiträge zur Gesellschaftstheorie, Industriesoziologie und Gewerkschaftsforschung. Symposium für Gerhard Brandt, Frankfurt 1989

Rainer Erd: Amerikanische Gewerkschaften. Strukturprobleme am Beispiel der Teamsters und der Automobilarbeiter, Frankfurt 1989

Christel Eckart: Der Preis der Zeit. Eine Untersuchung der Interessen von Frauen an Teilzeitarbeit, Frankfurt 1990

Peter Noller, Gerd Paul: Jugendliche Computerfans. Selbstbilder und Lebensentwürfe — Eine empirische Untersuchung, Frankfurt 1991

FORSCHUNGSBERICHTE DES INSTITUTS FÜR SOZIALFORSCHUNG

Rainer Deppe, Dietrich Hoß: Sozialistische Rationalisierung. Leistungspolitik und Arbeitsgestaltung in der DDR, Frankfurt 1980

Rudi Schmiede, Edwin Schudlich: Die Entwicklung der Leistungsentlohnung in Deutschland. Eine historisch-theoretische Untersuchung zum Verhältnis von Lohn und Leistung unter kapitalistischen Produktionsbedingungen, 4. Auflage, Frankfurt 1981

Ulrich Billerbeck, Christoph Deutschmann, Rainer Erd, Rudi Schmiede, Edwin Schudlich: Neuorientierung der Tarifpolitik? Veränderungen im Verhältnis zwischen Lohn- und Manteltarifpolitik in den siebziger Jahren, Frankfurt 1982

Ulrich Billerbeck, Rainer Erd, Otto Jacobi, Edwin Schudlich: Korporatismus und gewerkschaftliche Interessenvertretung, Frankfurt 1982

Karin Benz-Overhage, Eva Brumlop, Thomas von Freyberg, Zissis Papadimitriou: Neue Technologien und alternative Arbeitsgestaltung. Auswirkungen des Computereinsatzes in der industriellen Produktion, Frankfurt 1982

Christoph Deutschmann, Rudi Schmiede, unter Mitarbeit von Berndt Kirchlechner und Helmut Reiniger: Lohnentwicklung in der Bundesrepublik 1960 — 1978. Wirtschaftliche und soziale Bestimmungsgründe, Frankfurt 1983

Thomas von Freyberg: Industrielle Rationalisierung in der Weimarer Republik. Untersucht an Beispielen aus dem Maschinenbau und der Elektroindustrie, Frankfurt 1989

Gerd Paul: Die Bedeutung von Arbeit und Beruf für Ingenieure, Frankfurt 1989

Karin Flaake: Berufliche Orientierungen von Lehrerinnen und Lehrern, Frankfurt 1989

Rainer Deppe, Dietrich Hoß: Arbeitspolitik im Staatssozialismus. Zwei Varianten: DDR und Ungarn, Frankfurt 1989

Tilla Siegel, Thomas von Freyberg: Industrielle Rationalisierung unter dem Nationalsozialismus, Frankfurt 1991

SCHRIFTENREIHE „HUMANISIERUNG DES ARBEITSLEBENS“

Eva Brumlop: Arbeitsbewertung bei flexiblem Personaleinsatz. Das Beispiel Volkswagen AG, Frankfurt 1986

WEITERE VERÖFFENTLICHUNGEN

Theodor W. Adorno: Studien zum autoritären Charakter, 7. Auflage, Suhrkamp Verlag, Frankfurt am Main 1989

Ulrich Rödel, Günter Frankenberg, Helmut Dubiel: Die demokratische Frage, Suhrkamp Verlag, Frankfurt am Main 1989

Rainer Deppe, Helmut Dubiel, Ulrich Rödel (Hrsg.): Demokratischer Umbruch in Osteuropa, Suhrkamp Verlag, Frankfurt am Main 1991